LA MEMORIA:
MÉTODOS PARA DESARROLLARLA

Dirección General:
DRA. MARÍA ELOÍSA ÁLVAREZ DEL REAL

Dirección General:

DRA. MARÍA ELOÍSA ÁLVAREZ DEL REAL

® LA MEMORIA: MÉTODOS PARA DESARROLLARLA. © Editorial América, S.A. **Oficina Internacional de Redacción:** 6355 N.W. 36th Street, Virginia Gardens, Florida 33166. Estados Unidos de América. Prohibida la reproducción total o parcial del material editorial publicado. Library of Congress Catalog Number Requested. All rights reserved under the International and Pan American Conventions - Printed in Colombia. Impreso en Carvajal, S.A. Apartado Postal No. 46, Cali, Colombia. ISBN: 0-944499-63-5.

DISTRIBUIDORES

ANTILLAS HOLANDESAS, ARUBA SALOMON VOS Weststraat No. 16, Oranjestad, Aruba. **CURAZAO** EL CHICO Desavaan No. 112, Willemstad, Curazao. **ARGENTINA CAPITAL FEDERAL.** EDITORIAL VANIDADES, S.A. Perú N° 263, 3er. Piso, 1067 Capital Federal, Buenos Aires. Tels: 498112 y 498117. **INTERIOR:** DISTRIBUIDORA DE REVISTAS BERTRAN, S.A.C. Santa Magdalena No. 541, 1277, Buenos Aires. **BOLIVIA** DISMO, LTDA. Comercio 806, Casilla 988, La Paz. AGENCIA MODERNA, General Acha E-132, Casilla 462, Cochabamba. **COLOMBIA**. DISTRIBUIDORAS UNIDAS, S.A. Transversal 93 No. 52-03, Bogotá, D.E. **COSTA RICA** LA CASA DE LAS REVISTAS, S.A. San Miguel de los Desamparados. 400 Metros al Norte de la Iglesia, Apartado Postal No. 67, San José. **CHILE.** EDITORIAL ANDINA, S.A., Avenida El Golf N° 0243. Santiago 34. Tel: 231-7053. Telex 440221 EDAND CZ. **ECUADOR.** VANIPUBLI ECUATO-RIANA, S.A.. Córdova No. 800 y Víctor Manuel Rendón 18vo. Piso - Edificio Torres de la Merced Guayaquil, Ecuador. **EL SALVADOR.** DISTRIBUIDORA SALVADOREÑA, S.A. 9a. Avenida Norte No. 422, San Salvador. **ESTADOS UNIDOS**. EDITORES MEXICANOS DE REVISTAS Y LIBROS, S.A. (Edimex, S.A.) P.O. Box 2145, San Ysidro, California 92073. AMERICAN DISTRIBUTOR MAGAZINES, INC. 10100 N.W. 25th Street, Miami, Florida 33172 ACOSTA NEWS, INC. 149 5th Avenue - Paterson, New Jersey 07524. **GUATEMALA.** DISTRIBUIDORA DE LA RIVA HNOS., S.A. 9 Ave. No. 11-65, Zona 1. Ciudad de Guatemala. **HONDURAS.** DISTRIBUIDORA DE PUBLICACIONES, S.R.L. 3a. Avenida No. 1255, Barrio Abajo, Tegucigalpa. **MEXICO.** DISTRI-BUIDORA INTERMEX, S.A. de C.V., Lucio Blanco No. 435, Azcapotzalco C.P. 02400, México, D.F. **NICARAGUA** PUBLICACIONES RAMIREZ. Apartado No. 2833, Managua. **PANAMA**. DISTRIBUIDORA PANAMEX, S.A. Calle 15 y Calle W, Parque Lefevre, Panamá, República de Panamá. **PARAGUAY.** SELECCIONES S.A.C. Iturbe No. 436, Asunción. **PERU**. DISTRIBUIDO-RA BOLIVARIANA, S.A. Avenida República de Panamá 3631-3635, San Isidro, Lima. **PUERTO RICO**. AGENCIA DE PUBLICACIONES DE PUERTO RICO, INC. G.P.O. Box 4903, San Juan, Puerto Rico 00936. **REPUBLICA DOMINICANA**. DISTRIBUIDORA LIBRERIA AMENGUAL, C. POR A. Ave. 27 de Febrero No. 56, frente al Palacio de los Deportes, Santo Domingo. **URUGUAY**. GRAFIA, S.A. - DISTRIBUIDORA CAREAGA. Juncal 1426, esquina Paraná, Montevideo, Uruguay. Teléfono: 90-7336. **VENEZUELA**. DISTRIBUIDORA CONTINENTAL, S.A. Edificio Bloque DEARMAS. Final Avenida San Martín con Final Avenida La Paz, Caracas C.P. 1020. Apartado Postal No. 575. Caracas C.P. 1010, Venezuela. Tels: 443-1066, 443-3555 (Serial). Télex: 29960-21287-27312 SAMRA V.C. ✹

· © **1990 by EDITORIAL AMERICA, S.A.**
Arias Fábrega & Fábrega. Edficio Bank of América.
Calle 50, Piso 16, Panamá 5, Rep. de Panamá.
Todos los derechos reservados - All rights reserved

PRÓLOGO

"La retentiva es el sello de la capacidad", dejó escrito Baltasar Gracián, uno de los grandes maestros de la literatura hispánica. En efecto, una buena memoria resulta siempre un instrumento de incalculable valor, por varias razones...

Primero, porque le permite al ser humano conservar resultados obtenidos en su interacción con el mundo. Segundo, porque le hace posible reproducir y utilizar tales datos, facilitando su desarrollo intelectual. Y, tercero, porque le ayuda a desenvolverse con mayor rapidez en un mundo como el actual, bombardeado de información.

Mucho se ha escrito sobre la memoria. Existen innumerables libros que tratan de definirla o explicarla a través de los más disímiles criterios: desde los que dan por sentado que se nace con ella, hasta los que aseguran que se va perdiendo con los años.

Nuestro libro, que es eminentemente práctico, se basa en un concepto moderno. Concebimos la memoria como el conjunto de modelos síquicos de la realidad construidos por el individuo; como una capacidad que puede —y debe— fortalecerse sin importar la edad; que se desarrolla principalmente con la ejercitación constante.

¿Quiere saber cómo está funcionando su memoria? Pues aquí le facilitamos los "tests" para comprobarlo. ¿Necesita ayuda para mejorar su capacidad de memorización? En estas páginas encontrará todos los consejos y orientaciones que está buscando.

¿Desea ampliar su retentiva? También está aquí la solución: los más efectivos recursos mnemotécnicos que le permitirán **fijar** sin esfuerzo números, palabras, nombres, etc.

La labor de investigación y redacción del texto estuvo a cargo de Jesús Lázaro. La revisión editorial fue realizada por el Lic. Eugenio A. Angulo, autor de este prólogo. En la corrección técnica del material colaboraron la Lic. Gladys V. Rodríguez, José T. Cartaya y Patricia L. Blanco. Esta última desempeñó la función de coordinadora general de esta edición. Joann Carrera se encargó de la dirección de arte y las ilustraciones.

Esperamos que este manual, amigo lector, lo ayude a desarrollar su memoria y, sobre todo, a ampliar sus posibilidades de triunfo: en el trabajo, en el estudio y la vida en general. No olvide que, como dijo el escritor alemán Federico Schiller, "una memoria ejercitada es guía más valiosa que el ingenio y la sensibilidad".

Otras Publicaciones
de Editorial América, S. A.

**LOS 333 LIBROS
MÁS FAMOSOS DEL MUNDO.**
Los libros más famosos de la literatura, filosofía y religión universal. Con una breve descripción de su contenido, característica y significación.

DICCIONARIO GEOGRÁFICO UNIVERSAL.
Único en su clase. El primero en español. Con más de 22.000 nombres de países, regiones y accidentes geográficos de todo el mundo. Con datos sobre lugares históricos, zonas turísticas y centros culturales de todos los países.

**FRASES CÉLEBRES
DE TODOS LOS TIEMPOS.**
Recopilación selectiva, pero abarcadora, de los pensamientos, reflexiones y frases de lo más trascendente de la palabra del hombre.

FECHAS QUE HAN HECHO HISTORIA.
Obra ágil, útil y con el dato preciso en los campos de Historia, Religión, Tecnología y Medicina.

**ESA EDAD CRÍTICA
DE LOS 13 A LOS 18 AÑOS.**
Los peligros de la sociedad actual para los adolescentes han hecho crítica esta edad y muy preocupante para los padres. Esta obra es una guía moderna, ágil y realista de la manera en que los padres deben enfocar estos difíciles años. Les ofrece alternativas, consejos y soluciones prácticas.

DICCIONARIO DE SINÓNIMOS.
La palabra exacta con su significación actual. Ayuda a buscar las palabras con una definición similar en forma fácil y rápida.

**DICCIONARIO EASA INGLÉS-ESPAÑOL/
ESPAÑOL-INGLÉS.**
Voces y expresiones idiomáticas de más uso de dos de las principales lenguas del mundo.

12.000 MINIBIOGRAFÍAS.
Las grandes figuras: su vida, su obra, su contribución a la cultura. Con resúmenes de las obras maestras.

**DOMINE LA CORRESPONDENCIA
COMERCIAL EN 75 DÍAS.**
El libro que le enseña a aumentar la efectividad y claridad de sus cartas. Modelos en inglés y en español.

**APRENDA A CONOCER Y RESOLVER LOS
PROBLEMAS EMOCIONALES DE SUS HIJOS.**
Un libro revelador y útil en cada hogar. Lo ayudará a identificar los problemas emocionales que suelen manifestarse, desde la niñez hasta la adolescencia. Guía efectiva para encausar posibles dudas.

**DICCIONARIO MÉDICO PRÁCTICO
PARA EL HOGAR (para no profesionales).**
El libro que soluciona las más urgentes dudas médicas del ama de casa. 13.000 términos médicos con una explicación clara y concisa que facilita su comprensión. Esquemas, tablas y cuadros explicativos.

**CÓMO MANTENER SALUDABLES
LOS GRANDES ÓRGANOS: CORAZÓN,
PULMONES, HÍGADO, RIÑONES.**
El conocimiento de los mecanismos y funciones de los órganos vitales, es necesario para poder mantenerlos en las condiciones más favorables. Esto nos permitirá llevar una vida más saludable, y por lo tanto, más productiva y feliz.

CONTENIDO

PRÓLOGO..3

INTRODUCCIÓN...8-17

Test para medir su memoria en 50 preguntas (8); Sección de
evaluación (15); Análisis de los resultados (17).

CAPÍTULO 1:

LA MEMORIA 19-45

¿Qué se entiende por "memoria"? (19); Clasificaciones; Memoria a corto plazo (21); Memoria a largo plazo (23); Memoria
sensorial (26); Otros subsistemas de memoria; Memoria genética
(29); Memoria evolutiva; Memoria instintiva; Memoria arquetípica (30); Importancia de la memoria (34); Comparación de la
memoria humana con la animal y la mecánica (38); Factor
químico de la memoria (44).

CAPÍTULO 2:

FUNCIONAMIENTO DE LA MEMORIA............................47-71

El proceso de memorización (47); La memoria sensorial (49); La
memoria a corto plazo (51); El recuerdo: recuperación de lo
memorizado (54); Tipos de recuerdos (58); La atención: su trascendencia (62); Ejercicio de relajación (69); Demostrar que se
puede (71).

CAPÍTULO 3:
EL OLVIDO Y LA AMNESIA 73-91

El olvido: ¿qué entendemos por "olvidar"? (73); Olvido e interferencia (75); Represión y olvido de hechos desagradables (78);
Amnesia histérica: la fuga (83); Personalidades múltiples (85);
Amnesia traumática; Amnesia retrógrada (87); Demencia senil
(89); ¿Se puede provocar la amnesia? (91)

CAPÍTULO 4:
MEMORIA Y APRENDIZAJE 93-103

Aprendizaje: concepto, etapas y factores (95); Aspectos que
intervienen en el aprendizaje (97); Características personales
(98); Recuadro: ¿Hay diferencias cerebrales según el sexo? (103).

CAPÍTULO 5:
CÓMO DESARROLLAR LA MEMORIA 105-129

¿Por qué necesitamos una buena memoria? (105); Sentimientos
causados por el olvido (107); Desarrolle su memoria (110);
Observe y concéntrese (111); Aprenda a recordar y a escuchar a
las personas (114); Estudie con mayor rendimiento (120); Refle-
xione: ¿cuál es el tema central? (124); Imagen y memoria (125);
Otro recurso: tomar notas (129).

CAPÍTULO 6:
LOS SISTEMAS MNEMOTÉCNICOS 131-165

Los sistemas mnemotécnicos: concepto y origen (131); Funda-
mentos (132); Método basado en la relación (134); Método
basado en relacionar lugares (138); Método basado en el alfabeto
(140); Método basado en la rima de las palabras con los nombres
de los números (142); Las primeras diez palabras (147); Noventa
palabras más (148); Aplicación práctica de los métodos (158);

Cómo recordar números telefónicos y otros números (159); Cómo recordar fechas; Cómo recordar asuntos pendientes (161); Cómo recordar sueños (162); Cómo recordar cierto tipo de vocabulario (164).

CAPÍTULO 7:

CÓMO RECORDAR CARAS Y NOMBRES 167-215

Anécdotas (195); Anécdota de la campaña presidencial; Anécdota del vendedor (196); Anécdota del apellido; Regla No. 1: Capte el nombre correctamente (197); Regla No. 2: Fije el nombre por repetición (198); Regla No. 3: Grabe el rostro en su mente (203); Regla No. 4: Asegure el nombre por asociación (208); ¿Conoce a alguien con el mismo nombre? (211).

APÉNDICES:

TESTS PARA MEDIR LA MEMORIA 216-246

Resultados de los tests 247-255

INTRODUCCIÓN

Quizás se haya preguntado, más de una vez, cuán buena es su memoria. Y es lógico que se le haya ocurrido. Vivimos en un mundo donde todo se mide, y en el que, para todo, se consultan los parámetros o patrones establecidos. Se mide la velocidad del auto, el peso —para no perder la forma—, el rendimiento en el trabajo, la eficiencia de un equipo electrónico, todas las sustancias que hay en la sangre, el pulso cardiaco… Prácticamente, todo está sujeto a una medida.

Por tal razón, antes de leer este libro, le sugerimos que responda con sinceridad el cuestionario siguiente, que es uno de los tantos *tests* que se utilizan para medir la memoria. Después de contestadas todas las preguntas, transfiera las respuestas a la sección de evaluación, y conocerá, con un grado bastante amplio de aproximación, la calidad de su memoria.

Lea con detenimiento el libro, cualquiera que haya sido el resultado obtenido. La lectura del mismo le ayudará a conservar, mejorar y desarrollar su memoria. Practique los métodos que describimos aquí y, pasado algún tiempo, conteste de nuevo este *test* y compare los resultados.

TEST PARA MEDIR SU MEMORIA EN 50 PREGUNTAS (*)

Memoria autística e higiene de la memoria

1. ¿A qué edad se remontan los primeros recuerdos, controlados, de su infancia?	**A** ☐ 5 años o más. **B** ☐ 4 años. **C** ☒ 3 años o menos.
2. Cuando un recuerdo íntimo es demasiado indiscreto, ¿lo escribe en un "diario" para descargarse de él?	**A** ☐ sí, ello me libera. **B** ☐ no, pero experimento la necesidad de confiarlo a alguien. **C** ☒ no, lo encuentro pueril.

(*) Tomado de la obra **Conocimiento y dominio de la memoria**, del Dr. Paul Chauchard, versión española.

3. ¿Conserva usted fácilmente el recuerdo de sus sueños?

A ☐ con dificultad.
B ☑ sí, por lo general.
C ☐ no sueño jamás.

4. ¿Tiene usted olfato? Aunque no se trate de su plato preferido, ¿sabe de qué se compone?

A ☐ a veces.
B ☐ no, porque fumo demasiado.
C ☑ sí.

5. ¿Tiene buena noción del tiempo?

A ☐ algunas veces.
B ☐ no, tengo un reloj para ello.
C ☑ sí, generalmente.

6. ¿Tiene sentido de la orientación?

A ☐ sí, pero en el campo.
B ☑ sí.
C ☐ en absoluto.

7. ¿Se esfuerza por obtener un sueño normal sin recurrir a las drogas?

A ☑ no, la costumbre es demasiado antigua.
B ☐ sí, si estoy tranquilo.
C ☐ sí.

8. ¿Sabe decir cada noche el número de cigarrillos fumados durante el día?

A ☑ no fumo.
B ☐ incapaz, más de un paquete diario.
C ☐ sí.

9. ¿Recuerda el estado civil de sus allegados?

A ☐ con dificultad.
B ☑ sí.
C ☐ no, lo encuentro inútil.

10. ¿Pone cierto cuidado al establecer sus menús con vistas al equilibrio necesario?

A ☐ la cosa me resulta difícil.
B ☐ no le concedo importancia.
C ☑ sí.

Balance de su memoria cotidiana

11. ¿Le sucede olvidarse de lo que iba a buscar?

A ☐ a menudo.
B ☑ raramente. algunas veces
C ☐ jamás.

9

12. Usted dice: "No tengo memoria"; ¿lo cree así?

A ☐ tengo tendencia a desconfiar de ella.
B ☑ a veces, pero intento descubrir por qué.
C ☐ no, considero que mi memoria es excelente.

13. ¿Sabe usted alcanzar un objeto o una puerta directamente, tras localizarlo y a oscuras?

A ☐ con dificultad.
B ☑ sí, muy fácilmente.
C ☐ no, temo a la oscuridad.

14. ¿Es usted consciente de sus automatismos superfluos (tics, manías, expresiones)?

A ☑ sí, pero los combato.
B ☐ no.
C ☐ no del todo.

15. Fuera de su casa, ¿le cuesta trabajo al despertar reconocer dónde se encuentra?

A ☐ sí, si he dormido profundamente.
B ☐ me vuelvo a acordar instantáneamente.
C ☑ no llego a perder la noción del lugar.

16. ¿A pie o en coche, sabe encontrar un itinerario poco familiar?

A ☑ sí, fácilmente.
B ☐ no, estoy demasiado absorto en mis preocupaciones.
C ☐ eso depende de mi equilibrio presente.

17. ¿Sistemáticamente da marcha atrás (mental o física) para encontrar objetos perdidos?

A ☐ ni lo intento.
B ☐ espero que aparezcan solos.
C ☑ sí, si ello es posible.

18. Si duda de la ortografía de una palabra, ¿la escribe de las dos maneras, de la buena y la dudosa, para reconocer la auténtica?

A ☐ no, consulto el diccionario.
B ☐ con frecuencia, pero no sistemáticamente.
C ☑ sí.

19. ¿Permanece pasivo si alguien "le da la lata"?

A ☐ no, por el esfuerzo inútil que ello representa.
B ☐ sí, porque me es indiferente.
C ☑ sí, a causa del interés sicológico.

20. ¿Ha sabido usted, cuando su memoria parecía fallar, aumentar su esfuerzo de atención para consolidarla?

A ☐ sigue siendo buena.

B ☒ sí, eliminando la precipitación.

C ☐ no, no estaba en mi mano.

La vida activa

21. ¿Advierte el olvido de conocimientos antaño bien asimilados (artes de adorno, lenguas extranjeras)?

A ☐ mi memoria está demasiado acaparada por los acontecimientos presentes.

B ☐ tengo cuidado de repasarlos de vez en cuando.

C ☒ no, mi memoria es casi fiel.

22. En un país de lengua desconocida, ¿consigue aprender rápidamente algunas palabras de empleo corriente?

A ☐ a veces.

B ☐ no lo intento.

C ☒ sí.

23. ¿Practica usted el cálculo mental o recurre a un medio mecánico, incluso en los cálculos sencillos?

A ☒ sí.

B ☐ mi memoria de las cifras es defectuosa.

C ☐ he perdido la costumbre.

24. ¿Recurre a notas, listas recordatorias fácilmente encontradas?

A ☐ no me preocupo.

B ☐ no, no llevo método.

C ☒ sí, con éxito.

25. ¿Utiliza un código de referencias personales (años notables de su vida, iniciales de nombres familiares, etc.) para retener una información?

A ☒ sí, con éxito.

B ☐ no lo he intentado jamás.

C ☐ sí, excepto cuando estoy trastornado.

26. ¿Lee usted el periódico de forma activa, cortando los artículos interesantes y consultándolos cuando los acontecimientos posteriores le incitan a ello?

A ☐ sí, a un promedio de una vez a la semana.

B ☒ sí, en la medida en que su colocación lo haga más accesible.

C ☐ no, no tengo tiempo para ello.

27. Si estudia, ¿utiliza cuadros sinópticos, o le basta con apuntar simplemente alguna nota?

A ☐ ordeno mis anotaciones después del curso.
B ☐ utilizo resúmenes y cursos en multicopista.
C ☒ memorizo sin esfuerzo.

28. ¿Sabe usted, al salir de una conferencia, de un discurso, reconstruir lo esencial de él y el hilo director?

A ☐ no, me limito a una impresión de conjunto.
B ☒ sí, si estoy de acuerdo con lo que se ha dicho.
C ☐ sí, de la forma más fiel posible.

29. Si su profesión exige una buena memoria, ¿está usted satisfecho de la suya?

A ☒ me parece que disminuye.
B ☐ sí, en conjunto.
C ☐ debo recurrir con frecuencia a las anotaciones.

30. ¿Conoce usted los números de matrícula de las distintas provincias (o estados)?

A ☐ incompletamente.
B ☒ no intento retenerlos.
C ☐ sí.

La vida social

31. ¿Olvida con facilidad sus promesas?

A ☒ no.
B ☐ sí, por descuido o apatía.
C ☐ sí, porque prometo demasiado pronto.

32. ¿Piensa devolver lo que pide prestado?

A ☒ sí, porque me gusta recuperar lo que es mío.
B ☐ sí, cuando no lo he traspapelado.
C ☐ no, quizás a cuenta de lo que me deben.

33. Si realiza una gestión importante, ¿se obnubila hasta el punto de sufrir "lagunas de memoria"?

A ☒ no, sé mantenerme dueño de mí.
B ☐ me proveo de las notas necesarias.
C ☐ no estoy seguro.

34. En una conversación, ¿debe esforzarse por no perder el hilo de su pensamiento?

A ☐ sí, si estoy cansado.
B ☒ no, nunca pierdo de vista mi tema.
C ☐ soy demasiado distraído.

---

35. ¿Disfruta, por parte de sus amigos y parientes, de una reputación de atolondrado? ¿Trata usted de justificarlo?

A ☐ no puedo remediarlo.
B ☐ lo soy menos de lo que aparento.
C ☒ mi memoria es considerada como buena.

---

36. ¿Retiene con facilidad las direcciones de sus amigos y conocidos?

A ☐ sí, sin esfuerzo.
B ☒ me parece más sencillo anotarlas.
C ☐ a la larga, lo consigo.

---

37. ¿Hace usted que todas las personas que le rodean se preocupen de acordarse de usted?

A ☐ a menudo, para mantener el nexo entre nosotros.
B ☒ no me fío más que de mi memoria.
C ☐ no, prefiero recurrir a las anotaciones.

---

38. En período electoral, ¿retiene fácilmente los programas y sus matices de los diferentes candidatos?

A ☐ no frecuento las reuniones, me bastan las profesiones de fe.
B ☒ sí, con el fin de seguir las evoluciones futuras.
C ☐ considero esto como palabrería.

---

39. ¿Recuerda con facilidad las caras y nombres de las personas que le presentan?

A ☐ depende de las circunstancias.
B ☒ sí, con frecuencia.
C ☐ tengo muy mala memoria para los nombres.

---

40. ¿Conserva el recuerdo preciso de ciertos acontecimientos históricos (Hiroshima, viaje del primer Sputnik)?

A ☐ no aprecio siempre su importancia.
B ☒ sí, porque me interesan.
C ☐ los detalles se desvanecen muy pronto.

41. No importa cuál sea la naturaleza de sus preferencias (deportes, arte, etc.), ¿conoce usted su historia, su génesis?

A ☑ sí, a fin de disfrutarlo de forma más completa.
B ☐ no, no tengo tiempo.
C ☐ me limito a una afición muy elemental.

42. ¿Reconoce usted los timbres de voz y los tics de los locutores por la radio?

A ☐ fácilmente.
B ☑ no presto atención a ello.
C ☐ a veces.

43. Ciertas películas le han seducido especialmente. ¿Recuerda sus detalles y los actores?

A ☑ sí, durante mucho tiempo.
B ☐ tengo tendencia a confundirlos.
C ☐ no, su recuerdo no se me graba.

44. ¿Presta atención a los anuncios publicitarios? ¿Sabe recordar sus detalles de memoria?

A ☐ no los miro jamás.
B ☐ sí, cuando tengo tiempo de mirarlos.
C ☑ sí, en los que me gustan.

45. Cuando reanuda la lectura de un libro, ¿sabe encontrar de buenas a primeras el lugar exacto en que la dejó?

A ☐ con frecuencia.
B ☐ no encuentro casi nunca ocasión de leer.
C ☑ no, utilizo una señal.

46. Si cuenta cuentos a los niños, ¿lo hace de memoria y, en caso de repetición, sin omitir ninguno de los detalles dados con anterioridad?

A ☐ los voy inventando sobre la marcha, y no me repito.
B ☑ sí, gracias al recuerdo que he conservado de los de mi infancia.
C ☐ no, utilizo un libro.

47. Si usted juega a las cartas, ¿es capaz de retener perfectamente las cartas que han jugado ya sus compañeros?

A ☑ no, jugar a las cartas es un descanso, y por tanto un motivo de distracción.
B ☐ sí.
C ☐ lo intento sin conseguirlo verdaderamente.

48. ¿Retiene usted las historias divertidas que se cuentan delante de usted?

A ☑ sí.
B ☐ a veces.
C ☐ no.

49. ¿Deja usted pasar, por no darse cuenta, emisiones de radio o televisión que le gustaría escuchar?

A ☑ no, presto mucha atención.
B ☐ sí, cuando estoy cansado.
C ☐ con mucha frecuencia.

50. Durante las últimas vacaciones, usted ha visitado algunos monumentos; ¿podría rememorar lo que los caracteriza?

A ☑ sí, en su mayoría.
B ☐ no tanto como quisiera.
C ☐ no, me fío del guía.

SECCIÓN DE EVALUACIÓN

Encierre en un círculo la letra que corresponde a la respuesta dada en el *test*. Totalice la cantidad de respuestas por columna. Si quiere, puede calcular los subtotales, para analizar por separado cada grupo. Determine el total general.

Memoria autística e higiene de la memoria		
1. Ⓒ	B	A
2. A	B	Ⓒ
3. Ⓑ	A	C
4. Ⓒ	A	B
5. Ⓒ	A	B
6. Ⓑ	A	C
7. C	B	Ⓐ
8. Ⓐ	C	B
9. Ⓑ	A	C
10. Ⓒ	A	B
Subtotales 8	2	

Balance de su memoria cotidiana		
11. C	Ⓑ	A
12. C	Ⓑ	A
13. Ⓑ	A	C
14. Ⓐ	C	B

15

15.	A	B	Ⓒ
16.	Ⓐ	C	B
17.	Ⓒ	B	A
18.	Ⓒ	B	A
19.	Ⓒ	A	B
20.	A	Ⓑ	C

Subtotales   6   3   1

La vida activa

21.	C	B	A
22.	C	A	B
23.	A	C	B
24.	C	A	B
25.	A	C	B
26.	B	C	A
27.	C	A	B
28.	C	B	A
29.	A	B	C
30.	C	A	B

Subtotales _____

La vida social

31.	A	C	B
32.	A	B	C
33.	A	B	C
34.	B	A	C
35.	C	B	A
36.	A	C	B
37.	B	A	C
38.	B	C	A
39.	B	A	C
40.	B	C	A

Subtotales _____

Los ocios

41.	A	C	B
42.	A	C	B

43.	A	B	C
44.	C	B	A
45.	A	B	C
46.	B	A	C
47.	A	B	C
48.	B	A	C
49.	A	B	C
50.	A	B	C

Subtotales _____

Total general _____

Análisis de los resultados

a) En la columna de la izquierda se marcaron más de 30 respuestas.
Esto significa que su memoria es muy buena, pero que la mantiene a base de una ejercitación regular y constante.

b) En la columna de la izquierda se marcaron entre 20 y 30 respuestas.
Su memoria es excelente. Le ayuda en el desenvolvimiento de su vida. Para conservarla, debe mantenerse siempre atento.

c) En la columna central se encuentran marcadas la mayor cantidad de respuestas.
Si el resultado, en esta columna, se encuentra entre 20 y 15, y en la columna de la izquierda no hay menos de 15 respuestas, se considera que su memoria es normal y que satisface todas las necesidades cuando se le emplea.

d) La suma de las respuestas marcadas en la columna de la derecha y del centro, es superior al total de las respuestas marcadas en la columna de la izquierda.
Su capacidad de memorización está afectada y se encuentra en una categoría intermedia, por el concepto que usted tiene de lo justo. Fíjese en sus reacciones y oriéntelas hacia conceptos más positivos para que mejore la eficacia de su memoria.

e) En la columna de la derecha fueron marcadas la mayor cantidad de respuestas.
Su memoria no es de las mejores; pero no se inquiete: mediante una ejercitación constante y sistemática, puede alcanzar grandes logros y desarrollar al máximo su capacidad para memorizar.

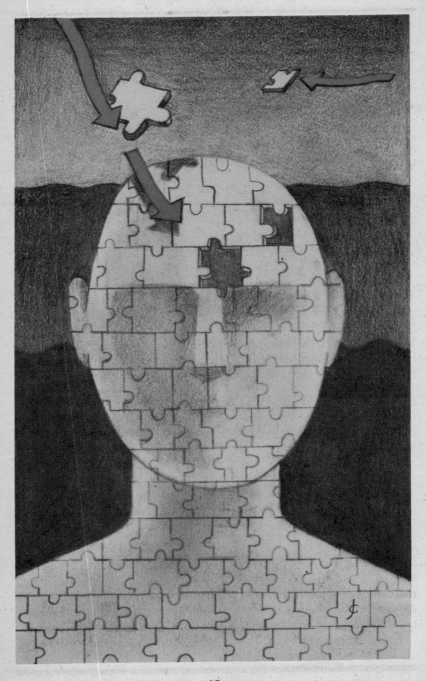

CAPÍTULO I
LA MEMORIA

El conocimiento que actualmente tenemos de la memoria, a pesar de las limitaciones que aún existen, es muy distinto del que poseían los hombres en los albores de la civilización. Hace varios milenios se pensaba que la memoria dependía de la cantidad de luz y de oscuridad que había en el cuerpo, o de la circulación del aire en el interior de éste. Para Aristóteles, el órgano base de la misma era el corazón. Fue Platón quien introdujo el concepto de memoria como "huella", al observar la marca que queda en una tablilla de cera cuando se ejerce presión sobre ella.

¿QUÉ SE ENTIENDE POR "MEMORIA"?

La expresión "tengo buena memoria" es el resultado consciente de nuestra mente, al saber que podemos recordar algo que hemos conocido, visto o escuchado. Nos ponemos a ver fotografías y reconocemos las personas, lugares y objetos que en ella aparecen. Vamos a llamar a alguien y le decimos su nombre; al hacer una llamada telefónica, marcamos el número de la persona a quien queremos llamar. Si somos capaces de hacer todo esto, es porque, anteriormente, esa "información" llegó a nosotros, la registramos y ahora la estamos empleando.

En esto consiste la memoria: en almacenar o acumular la información que, a través de los sentidos, percibimos, para utilizarla después. Los hechos ocurren en este orden:

PERCEPCIÓN
ALMACENAMIENTO
UTILIZACIÓN

Calificamos nuestra memoria de "buena" o "mala" basándonos en su utilización, pero ésta es tan sólo la última fase del fenómeno memorístico, y depende de cómo haya sido almacenada la información. ¡Cuántas veces oímos decir: "Mi memoria es un desastre"! Lo que realmente es un desastre es el almacenamiento de la información, pues no se le presta la atención e interés debidos. No se puede recuperar lo que no ha sido bien registrado. Ocurre lo mismo en un equipo de grabación de sonidos. Si el dispositivo grabador no funciona correctamente, por muy buena calidad que tenga la cinta magnetofónica del casete, la reproducción no podrá tener la calidad esperada. ¿Dependió el fallo de la cinta? No, dependió del mal funcionamiento del dispositivo grabador. A las personas que se quejan de su memoria, les sucede lo mismo; lo que en ellas falla es la grabación, la segunda fase del proceso. Por ello, no son capaces de lograr una buena utilización de su memoria. Desde luego, no nos estamos refiriendo a aquellas personas que tienen un trastorno físico o síquico. Este tema lo analizaremos en otro capítulo.

En una misma persona, la capacidad de memoria o facilidad para recordar, se manifiesta en distintos grados, dependiendo de lo que se recuerde. Un individuo puede tener gran facilidad para recordar las fechas de cumpleaños de toda su familia y de sus amistades; sin embargo, para llamarlas por teléfono tiene que acudir siempre a la libreta de teléfonos. Otras personas son capaces de memorizar cifras, lugares, rostros, perfumes, etc. Esto induce a pensar que la memoria humana no es un sistema único, sino que está formado por gran variedad de subsistemas comunicados entre sí, teniendo cada cual una función específica y concreta, y todos en conjunto una función común: la de almacenar información para ser utilizada posteriormente.

Un solo subsistema de memoria puede alcanzar un desarrollo tan notable en una persona, que ésta queda diferenciada de las demás. Tal es el caso de los catadores de licores, quienes son capaces de determinar la calidad de una bebida valiéndose de su memoria olfativa y gustativa. Lo mismo ocurre con los especialistas en perfumería: llegan a ser verdaderos técnicos de la fragancia, por la habilidad que poseen de reconocer todos los olores concentrados en un mismo perfume.

CLASIFICACIONES

Considerando que la memoria no es un sistema único, sino la integración —por interconexión— de múltiples subsistemas, y que éstos no pueden ser determinados fisiológicamente, recurriremos, para su clasificación, al campo teórico, el cual es producto de la observación. Con estas divisiones, pretendemos llegar a una mejor comprensión de la función general que realiza la memoria, partiendo de las características y funciones de cada sistema menor.

La primera clasificación está basada en el tiempo que la información está presente en la memoria y en el sentido por el cual fue percibida. Existen, entonces, tres grandes sistemas, como puede apreciarse en el cuadro siguiente:

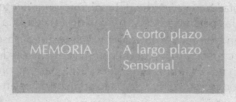

MEMORIA
- A corto plazo
- A largo plazo
- Sensorial

Memoria a corto plazo

Imaginemos el trabajo de una secretaria que va a preparar la correspondencia del día. En el momento de escribir las direcciones de los clientes, acudirá al directorio donde están registradas las mismas. Después de colocar el sobre en la máquina de escribir, leerá la dirección del primer cliente y la mantendrá en su memoria solamente unos segundos, el tiempo exacto que necesita para mecanografiarla. Una vez ejecutada esta tarea, ya no necesitará retener por más tiempo esta dirección en su memoria, por lo cual la rechazará y pasará al próximo destinatario, y así sucesivamente, hasta que termine con todos.

En ese caso, solamente se necesitaba memorizar, recordar la información, por un tiempo muy breve. Igualmente sucede si vamos a hacer

La memoria a corto plazo puede compararse con las huellas de una persona en la arena, mientras que la memoria a largo plazo es equivalente a las huellas que quedan en el cemento una vez que éste edurece.

una llamada telefónica: consultamos el directorio, memorizamos el número solamente el tiempo que tardamos en marcarlo, y después nos despreocupamos; pues, si lo necesitamos de nuevo, sólo tendremos que volver a buscarlo donde aparece registrado.

A esta clase de memoria, que consiste en el almacenamiento temporal de una información, y que solamente vamos a utilizar durante un breve período de tiempo, se le conoce como MEMORIA A CORTO PLAZO.

Un aspecto característico de la memoria a corto plazo es la capacidad, que es muy limitada. Para ilustrarlo, volvamos al ejemplo de la secretaria y las direcciones. Ella las lee una a una, según las va escribiendo, pero no puede leerlas todas y mantenerlas en la memoria para escribirlas después. Podríamos considerarla también como una memoria auxiliar, operativa, que nos facilita cierta información para realizar alguna tarea pequeña.

Memoria a largo plazo

De todos los tipos de memoria a los que nos vamos a referir, la memoria a largo plazo es la que más coincide con el concepto que, por lo general, se tiene de ella. A diferencia de la memoria a corto plazo, en ésta, la información permanece almacenada por largo tiempo, en muchos casos en forma definitiva: recordamos nuestro nombre, la fecha de nuestro nacimiento, etc., durante toda la vida.

Podríamos preguntarnos: ¿Dónde termina una y empieza la otra? Algunos sicólogos consideran que la información almacenada que se puede utilizar después de varios minutos de haber sido registrada, es la que se relaciona con la memoria a largo plazo; mientras que la información que sólo se emplea después de unos segundos, concierne a la memoria a corto plazo.

La memoria a largo plazo es la encargada de almacenar la información. Su capacidad es inmensa. Para tener una idea de ello, imaginemos que tuviésemos que escribir nuestros recuerdos. ¿Qué tiempo necesitaríamos para esto? Una persona "promedio" tiene un vocabulario de, aproximadamente, veinte mil palabras. ¿Cuántas palabras recuerda el individuo que habla varios idiomas? Además, recordamos los lugares donde hemos estado, las fechas de ciertos acontecimientos, los amigos que hemos conocido a lo largo de la vida. En fin, al considerar todo aquello que está registrado en nuestra memoria, comprendemos que ésta es muy vasta, y nos damos cuenta de que la expresión: "Mi memoria es un desastre" carece de sentido; en su lugar, debemos decir: "Mi memoria es fabulosa".

Actualmente, se considera que la memoria a largo plazo está compuesta por dos importantes subsistemas:

MEMORIA A LARGO PLAZO	Memoria episódica
	Memoria semántica

Esta diferenciación es útil para profundizar en el estudio de esta materia. Veamos en qué consiste cada una.

Durante las vacaciones, visité, como turista, la ciudad de México. Tuve la oportunidad de visitar sus museos, bibliotecas y teatros. Pude también comer sus platos típicos y disfrutar de su música. Contemplé la arquitectura de sus edificios coloniales y caminé por sus calles, fascinado por las maravillas de esa hermosa urbe. Estos hechos forman parte de mi historia individual. Son acontecimientos vividos por mí mismo, que se integraron al grupo de mis vivencias. Acontecimientos concretos que he experimentado y que han quedado registrados en mi memoria. Cuando los recuerdo, forman parte de mi pasado. A la memoria a largo plazo que recuerda estos hechos concretos, la llamamos MEMORIA EPISÓDICA.

En la visita a los museos, conocí ciertos datos interesantes, por ejemplo: en qué fecha fueron construidos, qué obras se encuentran en ellos, quiénes y cómo las realizaron; es decir, una amplia y extensa información al respecto. Cuando la recuerdo y la traigo a mi conciencia, no puedo decir que son hechos concretos vividos por mí, sino que son conocimientos que adquirí cuando visité esos lugares. A esta memoria, relacionada con los conocimientos generales que vamos adquiriendo sobre el mundo, en las aulas escolares, al leer un buen libro o, como en este caso, al visitar un lugar, se le conoce como MEMORIA SEMÁNTICA.

Cuando recordamos qué hicimos al levantarnos, qué desayunamos, qué trabajo realizamos durante el día, estamos utilizando la memoria episódica. Cuando recordamos que Napoleón perdió la guerra en la batalla de Waterloo, que la molécula de agua está formada por dos átomos de hidrógeno y uno de oxígeno; que la Tierra gira alrededor del Sol, estamos utilizando la memoria semántica.

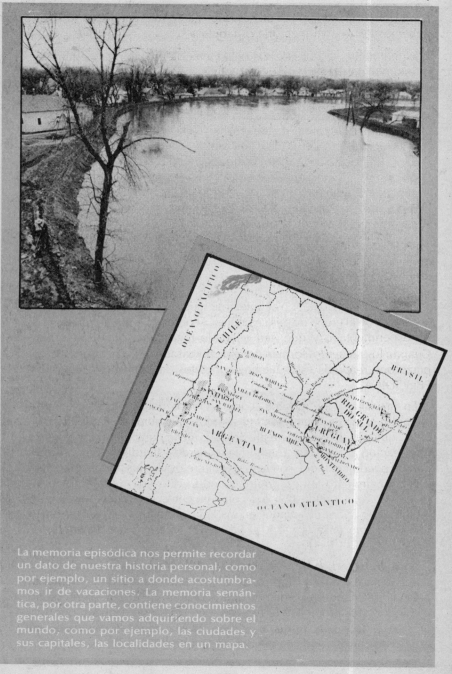

La memoria episódica nos permite recordar un dato de nuestra historia personal, como por ejemplo, un sitio a donde acostumbramos ir de vacaciones. La memoria semántica, por otra parte, contiene conocimientos generales que vamos adquiriendo sobre el mundo, como por ejemplo, las ciudades y sus capitales, las localidades en un mapa.

Memoria sensorial

En el año 1740, el investigador sueco, Segner, realizó el siguiente experimento. Dispuso de una rueda metálica que podía ser movida por una manigueta, de modo que pudiese aumentar o disminuir el movimiento de rotación de la misma. Al llegar la noche, fijó, en el arco de la rueda, un carbón encendido, y comenzó a darle vueltas. Al principio, se podían observar pequeños arcos de luz; pero, según iba aumentando la velocidad, los arcos de luz se veían cada vez más largos, hasta llegar a formar un círculo de luz completo. ¿Significa esto que realmente había un círculo de luz? No. Lo que Segner quiso comprobar era que, al ser percibido por nuestros ojos el brillo de la luz, éste quedaba almacenado durante un breve período de tiempo. La rueda alcanzaba una velocidad tal, que, al girar, el carbón encendido que despedía la luz, iba pasando por todas las partes de la circunferencia, antes que desaparecieran de la memoria visual las imágenes previas, y la unión de todos estos puntos luminosos daba la sensación visual de un círculo luminoso. Teniendo en cuenta la velocidad del movimiento de rotación de la rueda con respecto al tiempo que ésta necesitaba para dar una vuelta completa sobre su eje, cuando se podía observar el aro luminoso, Segner calculó que la percepción de la luz permanecía almacenada una décima de segundo.

Aquí se puede observar el arco de luz que describimos en el experimento de Segner en el párrafo superior.

Se considera que cada uno de nuestros sentidos posee un subsistema de memoria que, al agruparse, forman el sistema de MEMORIA SENSO-RIAL, el cual se compone de la siguiente manera:

MEMORIA SENSORIAL
- Visual
- Auditiva
- Olfativa
- Gustativa
- Táctil

Estas memorias nos permiten recordar el color del cielo, el sonido de un instrumento, el olor de un perfume, el sabor de una fruta o la temperatura de un objeto.

La memoria sensorial es la que nos permite recordar el color, la forma y el olor de las flores de un jardín.

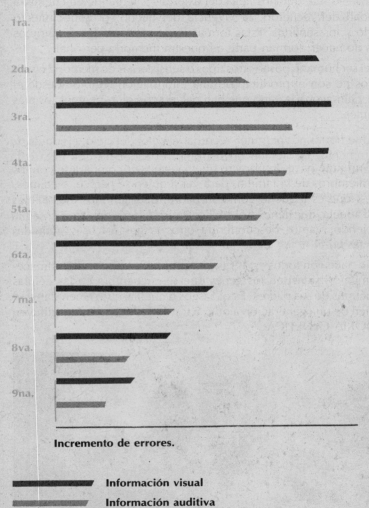

Incremento de errores.

Información visual
Información auditiva

La información auditiva permanece por más tiempo en la memoria sensorial que la información visual. Este es el motivo por el cual podemos recordar mejor las últimas palabras de una serie cuando las escuchamos que si las leyeramos simplemente.

Todos los sistemas y subsistemas que hemos considerado hasta el momento, están basados en el almacenamiento de información que recibimos —o sea, que nos llega del exterior—, teniendo en cuenta la durabilidad del recuerdo, la vivencia del hecho, el conocimiento adquirido y los sentidos. Estas formas de la memoria las adquirimos después de nacer; forman parte de nuestra memoria personal.

Pero el ser humano posee otros tipos o subsistemas de memoria cuyos recuerdos no son el producto de una información recibida desde el exterior y almacenada, sino que han nacido con ella. Veamos los más importantes.

Memoria genética

Cuando un niño nace, lo primero que hacemos es compararlo con los demás miembros de la familia, para ver a quién se parece. Decimos, entonces, que es trigueño como su padre, que tiene los ojos azules como su abuela, que tiene en el cuello el mismo lunar de su tío; y, según va creciendo, vamos descubriendo otros rasgos físicos y actitudes sicológicas en él.

El niño nace con todos estos rasgos, con todas estas huellas almacenadas (memorizadas) en los genes que se encuentran en las células reproductoras de sus padres. Estos rasgos o huellas que se heredan y se transmiten de una generación a otra, a través de los genes, constituyen la MEMORIA GENÉTICA.

La memoria genética es diferente en todo individuo, con la única excepción de los gemelos idénticos.

Memoria evolutiva

El ser humano actual no es el mismo, ni física ni sicológicamente, al que poblaba la tierra hace millones de años; pero en éste, a nivel molecular, fueron quedando huellas, se fueron registrando, memorizando, todas las etapas del proceso evolutivo. La historia de la evolución del hombre está grabada en las moléculas de sus células; es, pues, su MEMORIA EVOLUTIVA.

Memoria instintiva

Como su nombre lo da a entender, este tipo de memoria está relacionado con los instintos. Es fácil de observar en un bebé recién nacido, que "recuerda" cómo mamar del seno materno cuando siente hambre, o que "recuerda" llorar cuando siente algún dolor.

Memoria arquetípica

En el contenido manifiesto de los sueños aparece una serie de elementos o símbolos (denominados "arquetipos"), que no guardan ninguna relación con las experiencias individuales del sujeto que sueña.

Al conjunto de estos elementos o imágenes simbólicas que se recuerdan y aparecen en los sueños se les llama MEMORIA ARQUETÍPICA, por tratarse de recuerdos primitivos, heredados y comunes a toda la humanidad.

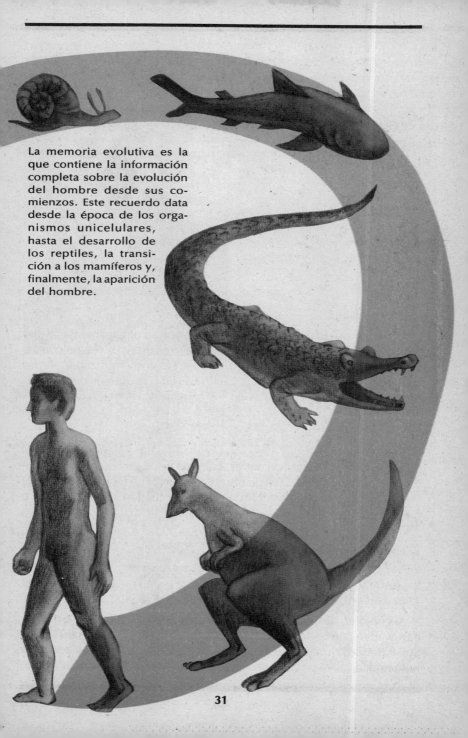

La memoria evolutiva es la que contiene la información completa sobre la evolución del hombre desde sus comienzos. Este recuerdo data desde la época de los organismos unicelulares, hasta el desarrollo de los reptiles, la transición a los mamíferos y, finalmente, la aparición del hombre.

LA MEMORIA ARQUETÍPICA

Carl Gustav Jung (1875-1961), eminente siquiatra suizo que arrojó nueva luz sobre la sicología moderna, acuñando conceptos que han trascendido universalmente, como el de "arquetipo": la tendencia a crear distintas representaciones simbólicas de un determinado motivo. Al conjunto de esas imágenes simbólicas que se recuerdan y aparecen en los sueños, se le llama MEMORIA ARQUETÍPICA.

Un ejemplo de las imágenes simbólicas pertenecientes a la memoria arquetípica: hombres con cuerpo de insecto; representan lo repulsivo en el ser humano.

El caballo, que aparece en la pág. siguiente, simboliza las fuerzas instintivas incontrolables que muchas personas tratan de reprimir.

El círculo (o esfera) es un símbolo que expresa la perfección, así como también la totalidad de lo síquico en todos sus aspectos.

En el grabado de la parte inferior de la pág., Picasso, expresa el simbolismo subyacente en la memoria arquetípica. En la escena representada, el Minotauro —mostruo con cuerpo de hombre y cabeza de toro— encarna las fuezas incontrolables del instinto humano.

La memoria, cuya primera función consiste en almacenar información, juega un papel trascendental en la vida síquica del ser humano, puesto que le permite, ante todo, reconocerse a sí mismo como persona y tener conciencia de sí. El hombre es el único ser viviente que tiene conciencia de su existencia. El recuerdo también lo ayuda a orientarse: sabe dónde está, dónde vive, qué hace, qué quiere.

Durante los primeros años de su vida, las experiencias individuales de cada persona se van acumulando, con lo cual se forma un conjunto de recuerdos que son únicos. Éstos intervienen en la formación y el desarrollo de la personalidad, que también es única. La memoria determina una personalidad específica, que es reconocida por cada cual, brindando un sentimiento de identidad y, al mismo tiempo, de diferenciación.

Toda información, antes de ser almacenada, es comparada con la existente. Supongamos que vemos un árbol que ya conocemos. La respuesta es automática: es un árbol de cedro. La memoria nos permite "reconocer" el mundo en que vivimos. Esto ocurre constantemente; no nos damos cuenta de este proceso de percepción, comparación e interpretación, pero sí sabemos el resultado:

Reconocemos la información por estar archivada.

Estamos en presencia de algo desconocido.

Este mismo proceso nos permite "entender" qué sucede en torno nuestro, y nos alerta sobre cómo debemos actuar. Un ejemplo: vamos manejando un automóvil y, de pronto, se enciende la luz roja de un semáforo. Sabemos que debemos parar, porque en nuestra memoria está almacenado este aviso: "frente a la luz roja del semáforo, se debe frenar".

Reflexionemos sobre esta serie de hechos: nos despertamos, nos levantamos, nos vestimos; después, cuando estamos desayunando, nos damos cuenta de que el hecho de vestirnos ha quedado atrás. Salimos para el trabajo; al llegar, nos damos cuenta de que el hecho de desayunar también ha quedado atrás. Cuando terminamos la jornada de trabajo, advertimos que hemos dejado atrás una serie de sucesos que ocurrieron en un orden determinado: unos primero, otros después, otros más tarde y los últimos recientemente. Al recordarlos de esa forma, la memoria nos aporta un sentido de "tiempo".

Los conejos
no saben lo que son

Meditemos ahora sobre otra serie de hechos que están más distantes unos de otros. Por ejemplo: recordemos muy nítidamente un día de cumpleaños lleno de sorpresas agradables y regalos; y sin embargo, el recuerdo de una caída de la bicicleta y la fractura de una pierna, nos resulta menos claro, menos preciso. La memoria "distingue" los buenos de los malos recuerdos.

La memoria hace una distinción entre los buenos y los malos recuerdos, por lo que existe una clara tendencia a olvidar las malas experiencias con mayor facilidad, especialmente aquellas circunstancias cargadas de emociones negativas como son la pena, la ansiedad, el temor...

Hay otra característica de la memoria que también es importante: aquélla que nos facilita la imaginación y la creatividad. Jugando con los recuerdos, podemos movernos, a voluntad, imaginándonos en el pasado o en el futuro; en un lugar que queremos visitar o en otro en que ya hemos estado. También, combinando los recuerdos, puede un arquitecto, por ejemplo, diseñar un edificio nunca antes construido, utilizando su memoria con fines creativos.

En resumen, la importancia de la memoria se fundamenta en que el hombre:

- Tiene conciencia de sí.
- Desarrolla una personalidad única.
- Posee un sentimiento de identidad.
- Reconoce el mundo en que vive.
- Entiende los mensajes que recibe.
- Adquiere sentido del tiempo.
- Distingue sus recuerdos.
- Es capaz de imaginar y crear.

Otra característica de la memoria nos facilita la imaginación y la creatividad. Es esto lo que le permite a un arquitecto recordar los detalles de obras que ha conocido y con esta información crear un edificio nunca antes construido y único.

COMPARACIÓN DE LA MEMORIA HUMANA CON LA ANIMAL Y LA MECÁNICA

Antes de establecer una relación o comparación entre la memoria humana y la animal, podríamos preguntarnos: ¿Tienen los animales memoria? Desde luego. En toda materia viviente, aun en los animales unicelulares, encontramos rasgos de memoria, si bien muy rudimentarios. Ésta, según se asciende en la escala zoológica, se va haciendo cada vez más compleja, hasta llegar a su máximo desarrollo en el ser humano. El estudio de la memoria de los distintos animales ha ayudado a conocer mejor la del hombre.

Ante todo, es conveniente ampliar el concepto de **memoria** (de **nuestra memoria**): la capacidad de recibir información, de registrarla y utilizarla. Para su utilización, el hombre necesita localizar los datos registrados; tiene que recordar, acordarse, o sea, hacer presente un recuerdo, pues toda información, al ser almacenada, pasa a formar parte del pasado individual. Los recuerdos no siempre se hacen conscientes y presentes por un acto de voluntad; también surgen espontáneamente, sin necesidad de un esfuerzo volitivo, sin que sean evocados. Este tipo de recuerdo se convierte en patológico en las personalidades obsesivo-compulsivas.

Mientras más alto sea el nivel del animal en la escala zoológica, más desarrollada y compleja es la materia orgánica del cerebro y mayores serán las posibilidades de llevar a cabo un aprendizaje más completo.

Cuando el hombre trae a su conciencia un recuerdo, está consciente de esto —sabe que se acuerda—, pues en su mente lo reconoce como parte del pasado, como un hecho ya vivido, o como un conocimiento ya adquirido; lo diferencia del presente. Y no sólo sabe que se acuerda, sino que se puede acordar; que puede buscar y localizar un recuerdo en su memoria. El hombre puede decir o comunicar que se acuerda, describir los recuerdos, a través del lenguaje hablado; y, al decirlo, lo hace en forma reflexiva: "Yo ME acuerdo". La memoria humana implica, por lo tanto, un acto consciente de reflexión y verbalización.

Las características anteriores no están presentes en la memoria animal; pero esto no niega su existencia, porque "memoria" no sólo es evocar, llamar un recuerdo y reconocerlo conscientemente, sino que incluye el hecho de tener información, o sea, recuerdos pasados registrados en el cerebro (volveremos sobre este tema al referirnos a la amnesia). El animal no recuerda conscientemente, pero sí tiene registrado en su memoria su pasado; no sabe que recuerda ni que puede recordar, pero su conducta, la forma en que se manifiesta, demuestra en él la existencia de un saber y de una experiencia anteriores. El animal no puede localizar en el pasado esos recuerdos, pero los utiliza, se vale de ellos, los vive para ser y actuar.

Una característica que tienen en común la memoria del animal y la

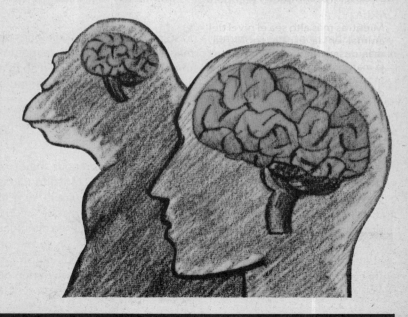

del hombre, es el reflejo condicionado (al cual nos referimos en el capítulo siguiente). La diferencia sólo dependerá del nivel que se ocupe en la escala zoológica: mientras más alto sea ese nivel, más desarrollada y compleja será la materia orgánica y, por lo tanto, mayores serán las posibilidades de llevar a cabo un aprendizaje más completo.

Al comparar la memoria humana con la animal, dijimos que ésta también consistía en tener recuerdos del pasado registrados en el cerebro. Para compararla con la memoria mecánica, volveremos a ampliar la definición.

En tiempos no muy lejanos, se consideraba que la función de memorizar, al igual que otras actividades síquicas, era de origen espiritual. Según las más recientes investigaciones, realizadas por sicoterapeutas y neurofisiólogos, la acción de memorizar es una función realizada por las células del cerebro. Éstas, como resultado de la propiedad que tienen algunas moléculas de sufrir una alteración en presencia de ciertos estímulos, quedan modificadas cuando reciben **información.** Es decir, al realizarse la acción de registración, la composición de algunas moléculas de las células cerebrales (o neuronas) se modifica, y esta variación queda grabada como resultado del registro del hecho al ser almacenado, lo que determina la posibilidad de LEER esa alteración, es decir, recuperar la información registrada: RECORDARLA.

Ahora, decimos que la memoria no sólo comprende las acciones de percibir, acumular y utilizar información, y la de tener recuerdos registrados en el cerebro, como los animales, sino que también abarca la modificación de la materia orgánica, a consecuencia de un estímulo recibido. Este último concepto, que no incluye a los anteriores, sino que se integra a ellos formando un conjunto, es el que utilizaremos al referirnos a la memoria no orgánica, inanimada, mecánica, de las máquinas de computación.

Un ejemplo más sencillo y asequible hará comprender mejor el concepto de la memoria mecánica: las grabadoras, tan difundidas actualmente, sobre todo para grabar y oír música. Cuando se está grabando una canción en una cinta magnetofónica, lo que ocurre realmente es que las características magnéticas de la cinta son alteradas por el cabezal de la grabadora; el sonido, codificado en forma de distintas variaciones en las alteraciones magnéticas, queda registrado en la cinta. Las alteraciones, al ser leídas, utilizadas, se convierten de nuevo en sonido: reproducen la canción. Estamos, pues, en presencia de una memoria en la materia inanimada. La cinta magnetofónica es el órgano base donde las huellas, en forma de alteraciones, quedan registradas, y donde pueden ser recordadas, reproducidas.

Las máquinas electrónicas son, de cierta manera, una reproducción inanimada de la memoria humana y de su funcionamiento. Se les ha dotado de equipos sensibles que pueden recibir información del exterior, registrarla (almacenarla) y utilizarla después, o sea, recordarla. Pero no se emplean solamente por su capacidad de almacenaje, sino por la velocidad con que procesan esta información, siendo ésta, la VELOCIDAD, la cualidad en la que superan al hombre, pues pueden procesar una gran cantidad de datos en pocos segundos, mientras que, a nosotros, la misma operación nos pudiera tomar semanas, meses y hasta años.

En el funcionamiento de las máquinas electrónicas intervienen:

- Un programa o secuencia de instrucciones que deben seguirse.
- Información, proveniente directamente del exterior, o que fue almacenada con anterioridad.
- Un estímulo eléctrico que las activa.

La memoria de las computadoras, como la humana, se puede clasificar en **memoria a corto plazo** y **memoria a largo plazo**. La primera está situada en la unidad central; es dinámica y funcional.

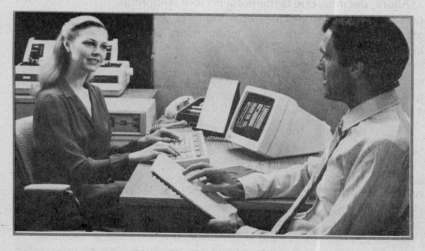

La memoria de las computadoras, como la del hombre, se clasifica en memoria a corto plazo y memoria a largo plazo.

Guiada por un conjunto de instrucciones, recibe la información, la clasifica, la procesa y da los resultados, o los almacena en su memoria a largo plazo: discos, *diskettes*, cintas magnéticas o perforadas, y tarjetas perforadas. Se le puede comparar con la memoria de la secretaria, cuando ésta escribe las direcciones: es simplemente operativa. Sin embargo, los datos registrados en los discos y otros soportes, quedan en forma definitiva, hasta que se vayan a utilizar.

Contrariamente a lo que muchas personas creen, las computadoras no son, como el ser humano, inteligentes. Funcionan siguiendo una secuencia lógica de instrucciones, que el hombre puso en ellas. Sus logros o errores dependen de él, pues son como una prolongación de su actividad pensante; solamente esto. En lo único que lo superan es en la velocidad con que operan.

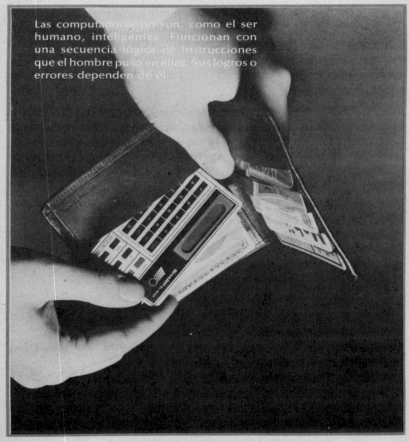

Las computadoras no son, como el ser humano, inteligentes. Funcionan con una secuencia lógica de instrucciones que el hombre puso en ellas. Sus logros o errores dependen de él.

Si bien se han diseñado a imitación de la memoria humana, gracias a ellas se ha podido comprender mejor cómo funciona ésta. Se ponen en actividad mediante un estímulo eléctrico, lo cual ha hecho posible descubrir que el estímulo nervioso que pone en funcionamiento la memoria humana es de naturaleza eléctrica. El registro o memorización se efectúa a través de una codificación, que, al ser registrada, deja huellas que no se borran, ni siquiera cuando cesan los estímulos eléctricos que la activan, pues al suministrarles de nuevo la energía eléctrica, toda la información registrada está disponible y con la misma fidelidad.

Esto ha hecho pensar que en la fijación de los recuerdos en la memoria humana existe una especie de código material, pues ni el sueño, ni la anestesia, ni siquiera el estado de coma, borran los recuerdos. Por tal razón, se han realizado experimentos con monos, sometidos, por hibernación, a estados donde no se manifiesta ningún signo de actividad (no tienen ni respiración ni circulación sanguínea, ya que la temperatura interior es inferior a 0°C). Cuando se les suministra calor y recuperan el conocimiento, en ese mismo momento sus manifestaciones demuestran que no han olvidado nada de lo que se les había enseñado.

Concluyendo: el animal memoriza, pero no lo sabe; no tiene, como el hombre, conciencia de su memoria. Las máquinas electrónicas no sólo no saben que tienen memoria, sino que no saben tampoco, ni tienen conciencia de que utilizamos su "memoria", mientras que el hombre sí tiene conciencia de la utilización de su memoria.

El animal memoriza, pero no lo sabe; no tiene, como el hombre, conciencia de sí o de su memoria.

La acción de memorizar presupone una modificación de la materia orgánica del cerebro, por el influjo de un estímulo nervioso de naturaleza eléctrica, proveniente de cualquiera de los sentidos. Esta modificación, conocida como **huella mnémica** o **engrama**, debe ser activada por un estímulo nervioso, en el proceso de recordar. Por algún tiempo, se pensó que esta huella era, como los estímulos, de naturaleza eléctrica, y se elaboraron varias teorías para tratar de explicarlo y demostrarlo. Se consideró, entonces, que si se suspendía toda actividad cerebral, se perdía la memoria.

El experimento con los monos, sometidos por hibernación a estados de inactividad, no sólo hizo pensar en la posibilidad de una codificación material en el proceso de memorización, sino que también descartó por completo la teoría del carácter eléctrico de la memoria, pues las manifestaciones de los monos demostraban que éstos no habían olvidado lo aprendido, que no habían perdido su memoria. Desde luego, la naturaleza eléctrica sí se considera real en el estímulo nervioso que llega al cerebro, trasmitiendo la información.

Actualmente, se considera que, cuando el estímulo llega al cerebro, la modificación, huella o registro mnémico se produce por un cambio bioquímico, relacionado con la presencia de ácido ribonucleico (ARN), pues se ha comprobado que la cantidad de este ácido aumenta en algunas zonas del cerebro después de un período de aprendizaje. Esto ha hecho suponer que existen moléculas que registran la información, a las que se ha dado el nombre de **moléculas mnémicas.** Quedan muchas cosas aún por descubrir. No se sabe si estas moléculas intervienen en la producción de ARN, o si es éste el que afecta a tales moléculas.

Se han hecho otros experimentos, partiendo de la base del carácter químico de la memoria. Se les ha dado, a personas ancianas, altas dosis de ARN, y se ha observado una notable mejoría en la actividad mental general. Otra investigación consistió en suministrarles, a estudiantes en períodos de exámenes, sustancias que aumentan la producción de ARN, lo que aumentó la actividad de éstos al estudiar.

La relación entre la memoria y el ARN ha hecho pensar en un trasplante de memoria. Se han hecho experimentos con gusanos, a los que se les ha enseñado alguna respuesta; con los cuerpos de éstos se ha preparado un concentrado de este ácido. Se formaron dos grupos de gusanos; a uno se le inyectó el concentrado, al otro no. El primer grupo demostró mayor facilidad para el aprendizaje de la respuesta que el segundo. Desde luego, éstos son sólo experimentos, un camino que apenas se acaba de descubrir. Queda mucho por investigar y experimentar, en lo que a trasplante de memoria se refiere.

Se sabe que el sueño favorece la fijación del material aprendido. Experimentos recientes han demostrado que, aunque se suspenda toda la actividad cerebral, es decir, se anule la actividad eléctrica del cerebro, la memoria no se pierde.

Capítulo II

Funcionamiento
de la Memoria

El proceso de la memorización

Para comprender la forma en que se desarrolla la memorización, así como otras funciones síquicas, es necesario apoyarse en comparaciones y análisis abstractos, pues no sucede lo mismo que en el resto de las funciones del cuerpo humano, donde se pueden diferenciar cada uno de los órganos que integran un aparato o sistema. En éstos, es posible observar, con equipos de gran precisión, qué hace cada uno de ellos, y hasta cuantificar la actividad siguiendo su secuencia. A pesar del avance logrado en las últimas décadas, en los campos de la Sicología y la Neurofisiología, no se puede afirmar que la voluntad o la intelección se realicen por determinada localización cerebral. Partiremos, pues, de los conceptos de **memoria** expuestos en el capítulo anterior, y de, diagrama que mostramos en la pág. 48, teniendo presente que los distintos tipos de memoria que intervienen en este proceso no se encuentran, fisiológicamente, localizados en una parte específica del cerebro ni limitados a ella.

Tal como puede observarse en el diagrama, el proceso se realiza, generalmente, de arriba hacia abajo. Cualquier sensación (estímulo o información) que impresione a los sentidos, va directamente a la memoria sensorial. Permanece en ésta fracciones de segundo, tiempo en que se efectúa una selección o valoración del estímulo percibido, y éste puede ser rechazado o pasar, con la ayuda de la atención y el

Información
Estímulo

Rechazo

MEMORIA
SENSORIAL

Atención
Reconocimiento

No codificado

Repetición

MEMORIA
A
CORTO PLAZO

Olvido

Codificación

Recuperación

MEMORIA
A
LARGO PLAZO

reconocimiento del mismo, a la memoria a corto plazo, donde será debidamente codificado antes de ser almacenado. Si la codificación no es satisfactoria, puede perderse la información, o sea, puede ser olvidada.

A la memoria a corto plazo no sólo llegan estímulos externos, sino también información previamente acumulada en la memoria a largo plazo, ya que ésta puede ser recuperada para su utilización (en esto consiste recordar). Veamos lo que va sucediendo paso a paso.

La memoria sensorial

Cuando la memoria sensorial percibe cualquier estímulo, posee la facultad de determinar qué hacer con él: rechazarlo o permitirle que continúe el proceso de memorización. A este tipo de memoria se le conoce también como **registro sensorial, almacén sensorial** o **depósito de información sensorial.** Aquí los estímulos percibidos se encuentran en completo desorden, tal como fueron recibidos, cual si fuesen una copia exacta de lo que se ha visto, oído, etc. Es tan corto el tiempo de este primer paso, que nosotros no tenemos conciencia de él. Pero realmente existe esta memoria. (Véase, en el capítulo anterior, el experimento de la rueda con el carbón encendido). Antes de llegar a la memoria a corto plazo, la información pasa por dos etapas muy importantes: la atención y el reconocimiento.

La atención es fundamental en el proceso de memorización, y guarda estrecha relación con el interés que la persona le presta al estímulo recibido. Se le puede considerar como un estado de concentración. En otro aspecto, consiste en la capacidad de procesar, simultáneamente, los distintos estímulos que le llegan; se basa en la propiedad de repartirse, atendiendo a cada estímulo por separado y pasando de uno a otro.

El concepto de lo que es el tiempo compartido, en los modernos sistemas automáticos de procesamiento de datos, facilita la comprensión de esta actividad. ¿Cómo y cuántos estímulos pueden ser procesados a la vez? Esto depende de varios factores, pero sólo nos referiremos a los más importantes: la interferencia y la complejidad.

Supongamos que alguien se encuentra en su trabajo, el cual consiste en una tarea totalmente manual: pintando una pared. Este sujeto está prestando atención a lo que hace; pero, además, está escuchando una estación de música popular en la radio. Este estímulo-música no entorpece su trabajo, sino que impresiona su sentido auditivo; el primer estímulo no interfiere al segundo. Cambiemos la suposición: el individuo, en vez de estar realizando un trabajo manual, se encuentra leyendo. En este caso, sencillamente, no puede concentrarse en la lectura, ya que el estímulo-música popular es muy fuerte, interfiere la atención que le presta a la lectura. Tal vez podría escuchar otro tipo de música mientras lee, digamos instrumental, que es más suave. En esto consiste la interferencia: dos o más estímulos superpuestos, cada uno de los cuales entorpece el procesamiento del otro.

Consideremos otra situación completamente diferente. Se puede estar hojeando un catálogo de una tienda por departamentos, mirar un juego de pelota televisado y, al mismo tiempo, mantener una conversación telefónica. No existe complejidad en esas tareas; las tres se pueden realizar, prácticamente, a la vez, de manera simultánea, transfiriendo la atención de una a la otra. Pero si se sigue en la televisión el discurso de un alto funcionario de la nación sobre una situación que repercute en la paz mundial, o se lee un libro de sociología, no se puede hojear el catálogo y conversar por teléfono. Mientras más compleja es una tarea, y mayor la atención que ésta demanda, más difícil resulta prestar atención, de forma simultánea, a otros estímulos sencillos.

Se puede hojear el catálogo de una tienda, mirar un juego en la televisión y, al mismo tiempo, conversar por teléfono, ya que no existe complejidad en estas tareas.

La atención es semejante, en su funcionamiento, al selector de canales de un televisor. Cualquier canal puede aparecer en la pantalla, pero sólo uno a la vez. Varios estímulos llegan a la memoria sensorial: unos pasan a la siguiente etapa, mientras que otros son descartados.

Tan importante como la atención prestada al estímulo que ha sido aceptado en el proceso de memorización, es el reconocimiento del mismo, un factor básico que suele ser explicado en distintas formas.

Según algunos investigadores, la función de reconocimiento consiste en cotejar el estímulo recibido con los que han sido almacenados anteriormente en la memoria a largo plazo. Algo así como determinar, en un archivo de huellas digitales, de quién son o a quién pertenecen las que se tienen de muestra, comparándolas sucesivamente, hasta encontrar las que son iguales, observando si coinciden exactamente, o sea, cotejándolas. Si el estímulo que sirve de muestra se puede cotejar con alguno de los almacenados, se puede realizar el reconocimiento del mismo. Si, por el contrario, no se puede efectuar el cotejo, se considera que dicho estímulo es completamente nuevo, desconocido.

Otros consideran que los estímulos no se guardan como si fuesen copias de los originales, sino que lo que se conserva son las características básicas de la información: un prototipo. En este caso, el reconocimiento consiste en determinar si las características del estímulo percibido coinciden con los rasgos generales del prototipo almacenado. Por ejemplo, para el objeto "perro", existe almacenado un prototipo que reúne las características comunes a todos los perros que hemos conocido. Cuando vemos un perro de una raza que nunca habíamos visto, el prototipo archivado nos permite reconocer que estamos en presencia de un perro y no de un león.

La memoria a corto plazo

Cuando la información no ha sido rechazada por la memoria sensorial, una vez efectuada la atención (concentración) y el reconocimiento, llega a la memoria a corto plazo. Ésta es conocida también como **almacén a corto plazo, memoria activa, inmediata** o **primaria,** nombres que describen sus propiedades. Es aquí donde se encuentra la información en que estamos pensando, es decir, los datos con los que estamos trabajando. En cierto sentido, es nuestra memoria consciente. En la misma puede haber información proveniente del exterior o de la memoria a largo plazo. Como su capacidad es limitada, una vez que se encuentra completamente ocupada, si necesitamos traer otros estímulos o recuerdos, algunos de los existentes tienen que ser olvidados o, debidamente codificados, enviados a la memoria a largo plazo.

La información permanece solamente por cortos períodos de tiempo en la memoria a corto plazo, pero en forma muy activa. La actividad del estímulo se logra por la repetición. Imaginemos que vamos a buscar una palabra en el diccionario. Para mantener activo el estímulo —la palabra que vamos a buscar—, la repetimos constantemente, mientras sacamos el diccionario del librero y pasamos las hojas, hasta que la hallamos. Lo mismo sucede cuando vamos a buscar, en la guía telefónica, el nombre de algún comercio o persona para averiguar su número de teléfono. Primeramente, vamos repitiendo el nombre hasta hallarlo. Una vez que averiguamos el número, lo vamos repitiendo mientras lo discamos, hasta conseguir la comunicación. El modo de mantener la actividad del estímulo, por repetición, puede tener dos variantes completamente distintas, según el fin que se persiga. En el ejemplo anterior, lo que se persigue es mantener en la memoria un dato, para utilizarlo enseguida: es una **repetición de mantenimiento**. La segunda variante es una repetición empleada para enviar información a la memoria a largo plazo, la cual consiste en establecer relaciones con los datos que ya se encuentran memorizados, además de crear nuevas asociaciones entre los conceptos u objetos por recordar: es una **repetición de elaboración.**

Se ha demostrado que es más fácil recordar aquello que ha sido repetido un mayor número de veces; de ahí la importancia, tanto de la repetición que relaciona, como de la que asocia, pues ayudan a que la información sea correctamente codificada; lo contrario, una incorrecta o mala codificación, sólo conduce al olvido. La mala memoria de los que se quejan de no recordar con facilidad, no está determinada, generalmente, por una deficiencia orgánico-funcional, sino por el mal hábito o método de almacenar. En capítulos siguientes nos referimos de nuevo a la asociación, pero como sistema o método que, si se practica y desarrolla consecuentemente, ayuda a alcanzar mejores logros en el proceso de memorización.

Resumiendo: la nitidez del recuerdo se acrecienta, tanto por la atención que se le haya dado al estímulo percibido, como por el reconocimiento de éste. Depende también de una buena codificación, basada en una amplia asociación. Contrariamente, la débil atención, producto de la interferencia de estímulos similares, el mal reconocimiento de los mismos (al no ser bien cotejados), así como la escasa asociación, traerán el olvido, e impedirán que la información llegue a ser almacenada y, por lo tanto, recordada.

En este gráfico se muestra cómo el reconocimiento y la asociación facilitan la codificación de los datos recibidos por la memoria. Resulta casi imposible memorizar una secuencia de letras arbitrariamente combinadas, como en la "seudopalabra" SWTINPXLKI. En las otras, que van resultando más familiares (asociables, reconocibles), según sus semejanzas con las combinaciones fonéticas del idioma, las dificultades de memorización disminuyen gradualmente. En el último caso, se puede comprobar que es más fácil recordar la secuencia de un vocablo real: CONSTRUIR. Usted puede evaluar su memoria en algunas de esas palabras —reales o inventadas—, leyéndolas primero en voz alta, cerrando los ojos y procurando repetirlas. Trate de reproducir la secuencia de letras, y anote los errores cometidos.

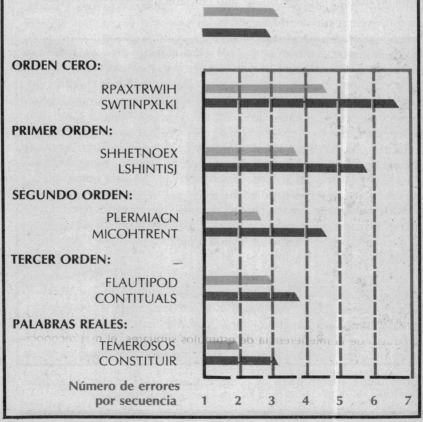

ORDEN CERO:

RPAXTRWIH
SWTINPXLKI

PRIMER ORDEN:

SHHETNOEX
LSHINTISJ

SEGUNDO ORDEN:

PLERMIACN
MICOHTRENT

TERCER ORDEN:

FLAUTIPOD
CONTITUALS

PALABRAS REALES:

TEMEROSOS
CONSTITUIR

Número de errores
por secuencia   1   2   3   4   5   6   7

EL RECUERDO: RECUPERACIÓN DE LO MEMORIZADO

Ya hemos visto cómo se desarrolla el proceso de la memorización. Pero, ¿qué es **recordar**? Guiándonos por el diagrama mostrado en la pág. 48, vemos que **recordar** no es más que recuperar determinada información que tenemos almacenada en la memoria a largo plazo. Es traer a la memoria a corto plazo —consciente—, nuestros recuerdos; tener de nuevo conciencia de hechos, lugares, conceptos... Evocar un pasado que quedó registrado.

La memoria a largo plazo puede compararse con una biblioteca, donde se guardan infinidad de libros. Si vamos en busca de uno determinado, lo primero que hacemos es averiguar si el libro está allí. A nadie se le ocurriría pararse frente al primer estante y empezar a buscar uno por uno. Existen miles de ejemplares distintos, y se necesitaría mucho tiempo para encontrar uno en particular.

La memoria a largo plazo es como una biblioteca, donde se guardan infinidad de datos sobre una extensa variedad de temas.

Entonces, ¿qué hacemos? Nos dirigimos a los ficheros donde están catalogados todos los libros siguiendo un orden establecido, generalmente por autor y por materia, y esa clasificación nos ayuda a localizarlos rápidamente. Este procedimiento es semejante al que emplea la unidad central de una computadora al buscar un dato en una de sus memorias auxiliares: el disco, conocido como **método de acceso directo**, una vía mucho más veloz y eficiente que la búsqueda en una cinta magnética de acceso secuencial, que siempre resulta lenta, pues es necesario leer *récord* por *récord*, como si se revisara libro por libro y estante por estante una biblioteca.

La organización, el orden y la clasificación de los libros, facilitan la búsqueda en una biblioteca. Esto nos hace deducir que, en nuestra memoria a largo plazo, también los recuerdos están clasificados y ordenados —desde luego, en otro orden. ¿A qué se parece, entonces, nuestra "biblioteca de recuerdos"? ¿Cómo los podemos localizar y recuperar? Recordemos que la memoria a corto plazo mantiene activa la información que va a enviar a la memoria a largo plazo por medio de la **repetición de elaboración**, relacionando y asociando la información presente con ella misma y con la que estaba almacenada. A mayor asociación, mayores posibilidades de recuerdo; es como si cada una formase parte de un fichero distinto. Supongamos que estamos leyendo un artículo sobre Napoleón Bonaparte. Todo lo que leemos está en relación con su persona y su historia. Asociamos a Napoleón con:

Francia.............................	País
Imperio	Sistema de gobierno
Legión de Honor	Condecoración
Waterloo	Batalla
Santa Elena	Isla, destierro

Con ello, estamos incluyendo (por asociación) el material que acabamos de leer, en nuestros ficheros de países, sistemas de gobierno, condecoraciones, batallas, islas, destierros o desterrados. Cualquiera de estos datos o fichas nos pondrá en contacto con lo que aprendimos de la lectura.

Las clasificaciones de las bibliotecas, aun las de aquéllas que disponen de computadoras de sistemas excelentes, si bien cumplen su cometido satisfactoriamente, son limitadas, a diferencia de la memoria a largo plazo, que dispone de infinidad de clasificaciones interconectadas. Nuestra memoria es semejante a una red de pescar, donde cada nudo representa un recuerdo. De la misma forma que los nudos están unidos entre sí por el hilo de tejer, los recuerdos también se unen, no por un hilo, sino por medio de conexiones; es decir, están interconectados. Si encima de cada red colocamos otra, aumentan los recuerdos y las conexiones. Por esto, el recordar se basa, principalmente, en la asociación.

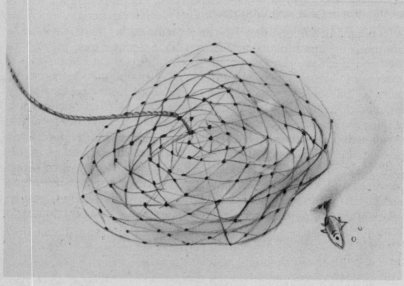

La memoria a largo plazo es como una red de pescar. Los recuerdos son los nudos, que están conectados entre sí.

Basta que en una conversación se hable de la Legión de Honor, para que este dato-ficha perteneciente al fichero "condecoraciones", traiga a nuestra memoria consciente, por asociación, las ideas del artículo leído que quedaron fijadas. Hemos recordado, gracias a un mecanismo de asociación, y de un modo espontáneo. También podemos recordar por voluntad nuestra. Si queremos contar a otros cualquier hecho significativo de la vida de Napoleón, como antes de almacenarlo lo asociamos con muchos ficheros, todos ellos nos ayudarán a recordar más rápido y fácilmente, sin apenas esforzarnos.

Tenemos a nuestra disposición otro mecanismo para recordar: el del **estímulo-respuesta**. El recuerdo, que es prácticamente inconsciente y no depende de nuestra voluntad, consiste en una respuesta a una situación concreta que quedó grabada, almacenada. Citemos varios ejemplos. El timbre del teléfono nos hace dejar lo que estamos haciendo y, de una manera automática, sin pensarlo, descolgamos el auricular para contestar la llamada. La luz roja del semáforo nos hace frenar, sin tener que razonarlo. Al oír nuestro nombre, rápidamente movemos la cabeza hacia el lugar de donde viene la voz. El timbre, la luz roja y nuestro nombre son **estímulos**. Descolgar el teléfono, frenar y mover la cabeza son **respuestas memorizadas** y **recordadas**.

Un ejemplo de otro de los mecanismos para recordar conocido como estímulo-respuesta, puede ser la reacción que tenemos ante el sonido del timbre del teléfono.

¿A qué se debe este mecanismo de estímulo-respuesta? El fisiólogo ruso, Iván Pavlov, mientras estaba haciendo investigaciones sobre las secreciones gástricas en los perros, observó que cuando estos animales sentían el ruido de los pasos de las personas encargadas de traerles la comida, empezaban a segregar saliva, incluso antes de tener el alimento en la boca. Para confirmar sus suposiciones, realizó el siguiente experimento. A varios de estos perros les insertó un tubito en los conductos de las glándulas salivares, de modo que la saliva no pasase al interior de la boca, sino que pudiese ser recogida en un recipiente. Después, venía el proceso de entrenamiento. Producía un sonido valiéndose de una campana y seguidamente daba comida al los perros. Las primeras veces, al hacer sonar la campana, no sucedía nada. Según pasaban los días, podía comprobar que el sonido de la campana era suficiente para hacer funcionar las glándulas salivares. Al principio, sólo recogía pocas gotas de saliva; mientras más días pasaban, el sonido provocaba en los animales una mayor secreción. A esta relación, estímulo (sonido)-respuesta (saliva), le dio el nombre de **reflejo condicionado**, por ser un acto reflejo (consecuencia de un aprendizaje), para diferenciarlo de otros reflejos que no se adquieren, sino que son congénitos, a los cuales llamó **reflejos incondicionados**.

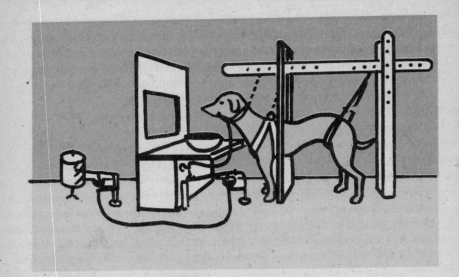

Gracias a los experimentos que Pavlov condujo con perros, llegó a identificar los reflejos condicionados.

Para recuperar nuestros recuerdos, no sólo disponemos de mecanismos de asociación y de estímulo-respuesta. El interés, como factor, facilita y mejora la evocación. Recordar es el mismo proceso de memorizar, pero a la inversa. Si grabamos fuertemente acontecimientos, conceptos y fechas de asuntos que nos interesan, con esa misma intensidad los recordaremos. El interés es directamente proporcional al recuerdo. Cuando estamos interesados, no necesitamos esforzarnos para memorizar; generamos las asociaciones abundante, rápida y espontáneamente. Su reverso, el recordar, fluirá de forma automática. Desde luego, el interés es consecuencia de lo que nos causa satisfacción. Despertar y desarrollar el interés, a través de la motivación, es una técnica empleada por los educadores para alcanzar mejores índices de aprendizaje en sus educandos.

Tipos de recuerdos

¿Quién no recuerda con nitidez la casa donde transcurrió su niñez? Salvo pocas excepciones, todos podríamos describirla con precisión: dónde estaba situada, cómo eran sus puertas y ventanas, el color de sus paredes, los árboles y plantas del jardín... Al hacer la descripción, muchos cerrarán los ojos para captar mejor los recuerdos, y exclamarán: "Me acuerdo como si la ESTUVIERA VIENDO". Y es que, en realidad, en ese momento, en nuestra memoria consciente están presentes las imágenes que conservamos de aquella casa: son RECUERDOS VISUALES.

¿Somos capaces de describir, de la misma forma, qué entendemos por suma de números naturales, o en qué consiste amar u odiar? Sabemos efectuar esta operación aritmética, podemos trasmitir este conocimiento, pero no podemos visualizar ese concepto, y no lograremos ninguna imagen al respecto. Lo mismo nos ocurrirá con lo que es amar. Recordaremos todo lo que sabemos sobre el amor, daremos una definición amplia usando las palabras adecuadas que nos ayudarán a precisar su significado; recordaremos, incluso, las imágenes de las personas a quienes amamos, pero el concepto de *amor* no será visualizado. Los recuerdos-conceptos de *suma* y *amor* son RECUERDOS ABSTRACTOS.

Existen conceptos abstractos como el amor, que podemos recordar y tratar de explicar, pero no visualizarlos, aunque sí podamos visualizar a la persona amada.

Durante la infancia, los recuerdos son visuales; el niño vive en un mundo de personas y objetos. Después, según van creciendo, van adquiriendo conocimientos que no están representados por objetos físicos, palpables, que se puedan ver. Al memorizarlos, no almacena imágenes visuales, sino conceptos abstractos; al recordarlos, recuerda también conceptos abstractos.

Los recuerdos visuales son característicos del niño y van disminuyendo a medida que éste crece. Los abstractos prevalecen en la adultez, lo cual no significa que las personas mayores no recuerden imágenes. En todo individuo se dan ambos tipos de recuerdos; según su personalidad, tendrá tendencia a uno de ellos, predominará uno sobre el otro; pero los dos tipos de recuerdos coexisten. Trate de recordar la cara de una persona amiga. Si, al hacerlo, es capaz de imaginarla tal como la ha visto anteriormente, en usted se acentúa la memoria-recuerdo visual. Si, por el contrario, le es más fácil describirla a través de rasgos y características que pueden ser enmarcados en tipos o grupos, su memoria es más abstracta.

Mire detenidamente el cuadro de números que le ofrecemos a continuación. Tómese el tiempo que quiera tratando de retenerlo. Después, tape el libro y pruebe a escribirlos en el mismo orden en que aparecen, en una hoja de papel.

Reproducirlo, tal como aparece, le será bastante fácil. Trate de escribirlo ahora a la inversa, o sea, empezando por la línea de abajo. Seguramente le costará más trabajo. ¿Por qué? Porque, al reproducirlo tal como está, lo hace usando los dos tipos de recuerdos, el visual y el abstracto. Este último presupone un cierto orden, esquema o secuencia. Cuando tiene que escribirlo en otra forma, el orden del recuerdo se rompe, y usted sólo dispone del recuerdo visual. Esta experiencia no sólo nos indica que coexisten los dos tipos de recuerdos, sino que se complementan.

La clase de oficio o profesión, así como los intereses, inclinarán la balanza a un lado o a otro. En un pintor, abundarán los recuerdos visuales, lo mismo que en un arquitecto; el trabajo de ambos es fruto de la yuxtaposición de recuerdos visuales, ayudados por la creatividad. Para un profesor de física o filosofía, los recuerdos predominantes son los abstractos. Para explicar lo que es el campo magnético, la fuerza de gravedad o la existencia, no dispondrá de ninguna visualización, solamente de abstracciones.

El recuerdo abstracto

El hecho de recordar un concepto, y en líneas generales, cualquier conocimiento abstracto o teórico, está precedido por su memorización. Para facilitarla, recurrimos a la comprensión, al razonamiento, utilizando otros anteriores, más sencillos, que ya fueron razonados y fijados convenientemente, intercalando el nuevo concepto entre los que ya teníamos en la memoria a largo plazo. Vamos, poco a poco, ampliando la capacidad de razonamiento y de abstracción, como las ondas concéntricas que se forman en la superficie del agua al tirar una piedra.

La capacidad de razonamiento y de abstracción van ampliándose poco a poco, como las ondas concéntricas que se forman en la superficie del agua al tirar una piedra.

Además de apelar al razonamiento, también nos valemos de otros recursos: ordenamos las ideas, las clasificamos, las sintetizamos, las agrupamos. Estas técnicas disminuyen el esfuerzo que debe realizar la memoria a corto plazo, ya que ésta sólo es capaz de mantener alrededor de 7 elementos, cualquiera que sea la extensión de cada uno de ellos. Es lo mismo recordar 7 números de 3 cifras, que 7 conceptos, siempre que éstos estén claramente comprendidos. La memoria a largo plazo se beneficia con el orden, con la agrupación, la clasificación, la síntesis o cualquier otro recurso, pues le es más fácil almacenar conceptos razonados, previamente "digeridos", que situaciones carentes de orden y sentido.

LA ATENCIÓN: SU TRASCENDENCIA

Al describir el proceso de la memorización, nos referimos a la atención como elemento participante e imprescindible. Vamos a enfatizar su importancia: el grado de atención es proporcional al grado de registro y, por lo tanto, de recuerdo. Mientras más atención pongamos a cualquier asunto, su almacenaje en la memoria a largo plazo será más firme, y también su localización y recuperación: el recuerdo. Analizado a la inversa, si deseamos tener recuerdos nítidos, es necesario que, antes, los hayamos registrado y almacenado con nitidez. Esto sólo se logra prestando suficiente atención a nuestras percepciones.

Si cuando un amigo del trabajo le dice: "Acuérdate de traerme mañana el libro que me ofreciste", usted lo escucha con indiferencia, sin prestarle atención, como si no estuviera hablando con usted, seguramente, al día siguiente, se le OLVIDARÁ llevárselo. No es que realmente se le vaya a olvidar: es que, al no haberle interesado, al no haberle escuchado con ATENCIÓN, el mensaje no queda grabado y, por lo tanto, es absolutamente imposible que después se acuerde de llevarle el libro ofrecido, por lo cual apelará a la misma excusa: "Tengo una memoria fatal".

La escasez de recuerdos, principalmente recientes, es característica en las personas deprimidas o con tendencia a la depresión, pues son individuos a los que nada les interesa; la motivación está ausente en ellos, todo les es indiferente. Pueden haber estado viendo una película por televisión y mostrarse incapaces de contar de qué trataba. Pueden pasar frente a un hermoso jardín y no poder describirlo después, ya que, al no estar interesados, no prestan atención, lo cual indica que no registran y que, por lo tanto, tampoco recuerdan. Los estímulos llegan a ellos, y ellos los perciben, pero la falta de atención rompe el proceso de memorización.

La atención intensifica la percepción. Si al mirar un paisaje, lo VE con detenimiento, las imágenes que va a captar serán definitivamente muy nítidas, claras, precisas; lo mismo le sucederá si, al recibir una idea, la razona, la comprende, la hace asimilable, capaz de ser "digerida". La comprensión del concepto y la claridad de la percepción facilitarán las asociaciones y conexiones, lo cual repercutirá en el último eslabón de la cadena: los recuerdos. La atención que se preste a una percepción incrementará los recuerdos visuales; la que se preste a la comprensión de una idea, aumentará los recuerdos abstractos. Lo que hemos dicho sobre los recuerdos visuales es válido también para los demás recuerdos relacionados con los sentidos, o sea, los olfativos, auditivos, etc...

La atención que se presta a una percepción, incrementa los recuerdos visuales; la que se presta a la comprensión de una idea, aumenta los recuerdos abstractos.

¿Cómo lograr, entonces, mejores percepciones? Para todo, siempre hay un camino, un método, una regla que se debe seguir. Sírvanos de ejemplo la contemplación de un cuadro donde aparece pintado un paisaje. Ante todo, al mirarlo, logremos una impresión de conjunto; es el primer impacto. Seguidamente, pongamos nuestra atención en cada fragmento, en cada detalle, observando los colores, las formas, los contrastes de colores, la relación entre un detalle y otro. Hagámonos la idea de tener ante nosotros uno de esos rompecabezas que usan los niños para jugar, y que, de pronto, aquél se desarma, se desune. Pensemos en cada pieza por separado, examinemos cada detalle como si fuera independiente, y, finalmente, miremos al paisaje en su conjunto, integrando todas las partes, uniéndolas, como si estuviésemos armando el rompecabezas, para lograr una impresión global. En este caso, hemos seguido esta secuencia:

TODO → DETALLE → TODO

La próxima vez que tenga ante usted un paisaje, practique lo anterior, a modo de experiencia. Le servirá, para ello, cualquiera de los que aparecen en las revistas. Para cerciorarse de cómo le fue, tome una hoja de papel y un lápiz, y reproduzca a grandes rasgos todo aquello que recuerde. Desde luego, no intente crear un dibujo formal; solamente haga un bosquejo, tratando de situar los detalles en el lugar que les corresponde, según los vaya recordando. Siga el mismo orden: antes de empezar, trate de visualizar el paisaje en su totalidad; después, vaya recordando las partes; agrúpelas, y pregúntese si ha olvidado piezas. También lo puede ayudar el bosquejar una descripción escrita. De esta forma, podrá determinar cuánta atención fue capaz de emplear durante la observación.

En resumen: la atención aumenta la nitidez de la percepción y la comprensión; éstas facilitan el registro en la memoria a largo plazo; a su vez, la memoria ayuda a generar un elevado porcentaje de asociaciones y conexiones. Todos estos factores se complementan en un proceso único.

Para recordar mejor un paisaje, por ejemplo, debe mirarse primero en su totalidad. Luego, obsérvese como si fuera un rompecabezas, dividiéndolo en pedacitos, de manera que se logren memorizar sus detalles.

ACTITUD POSITIVA

Tanto en el momento de memorizar, como en el de recordar, la actitud de confianza que tengamos en nuestra capacidad de memorización es fundamental. Si partimos del supuesto de que no somos capaces de recordar, jamás lograremos buenos resultados. Sin embargo, si confiamos en nosotros mismos, si creemos y nos convencemos de que nuestra memoria es tan buena como la de los demás, alcanzaremos mejores frutos. Una ACTITUD POSITIVA traerá consigo resultados positivos, tales como:

a) Acostumbrarnos a USAR la memoria.
b) Mantenernos RELAJADOS al usarla.
c) Demostrarnos que PODEMOS memorizar.

Una actitud positiva es imprescindible para memorizar y recordar mejor. La confianza en sí mismo y en sus habilidades es esencial.

Lo que no se recuerda, en realidad, nunca se memorizó. No es posible extraer de la memoria algo que no ha sido almacenado. Ponga en acción y explote su capacidad de memorizar en todas las oportunidades que se le presenten; verá que son más de las que usted se imagina. Cuando un amigo suyo le diga: "Me mudé, y ésta es mi nueva dirección", no se limite a oírlo; ESCÚCHELO, préstele atención, trate de interesarse por el lugar, la zona o reparto adonde se mudó; pregúntele cómo se llega, cuál es la vía más corta y de menor tráfico. En caso de no haber entendido claramente algún dato, dígale que se lo repita, sin pena; esto, en vez de disgustar a su amigo, lo halagará, pues le estará demostrando que usted está interesado realmente en conocer y visitar su nueva casa. No piense que va a olvidar la dirección, ya que esto lo pondrá tenso, y hasta le impedirá oír lo que la otra persona le está diciendo, y, por lo tanto, no podrá registrar la información. Si usted considera que pertenece al grupo de personas que lo olvidan todo con gran facilidad, obsérvese más de ahora en adelante, preste atención e interés; posiblemente descubrirá que el fallo no radica en su memoria, sino en el estado de tensión en que se encuentra, y en la falta de concentración de su parte.

Mantenerse relajado

Una actitud positiva, es decir, la confianza en uno mismo al saber que puede recordar, le disminuirá su tensión, lo hará sentirse relajado, y esto lo ayudará a traer a su memoria consciente los recuerdos que desea. La relajación es primordial a la hora de acometer cualquier tarea o empresa. Suponga que tiene que trazar varias líneas rectas, para unir los puntos de un gráfico estadístico. La tensión hará que sus manos tiemblen, que se le caiga la pluma de los dedos, por lo cual los trazos no quedarán bien. Además, es muy posible que los segmentos de recta que unen un punto con otro queden más largos o más cortos. En fin, el resultado será un mal trabajo, frustración personal y disminución de su seguridad y de su propia estimación.

La confianza implica RELAJACIÓN, y ésta aumenta la capacidad, el rendimiento y la eficiencia. El exceso de tensión en el momento de estudiar, afecta el aprendizaje, y, desde luego, la posibilidad de recordar. En realidad, no se recuerda porque no se aprendió. Empleó el tiempo, no salió de su casa, estuvo esclavo del libro todo el día, consumió sus energías y, al final, ningún recuerdo. Es necesario mantenerse relajado, confiado y seguro, para que el proceso de aprendizaje-recuerdo se realice a plenitud y produzca beneficios. ¡Cuántos estudiantes, con pleno conocimiento de la materia que va a examen, por falta de confianza en sí mismos, se ponen tan tensos a la hora de examinarse que no son capaces de recordar lo estudiado, y entregan el cuestionario sin contestar, exclamando: "¡Me quedé en blanco"!

Esto nos puede haber sucedido a todos, en mayor o menor grado, en los días de exámenes. También nos pasa en el trabajo, en cualquier situación: la tensión disminuye el recuerdo. Por ello, es necesario mantenerse relajado a la hora de estudiar, de examinarse, de hacer un trabajo que necesita mucha concentración, siempre que se necesite recordar algo importante.

Una de las cosas que con mayor frecuencia impide que se realice el proceso de aprendizaje-recuerdo es la tensión. Es por ello que resulta tan importante aprender a relajarse para propiciar la memorización.

Este ejercicio le ayudará a alcanzar un ESTADO DE RELAJACIÓN cada vez que se sienta tenso. Lo puede practicar antes de comenzar a estudiar o antes de someterse a un examen. Cuando va a asistir a una conferencia y no quiere perderse ningún detalle; en fin, en cualquier situación, para facilitar el proceso de registro-recuerdo.

Primero, escoja una silla confortable y siéntese erguido; mantenga los ojos suavemente cerrados, sin hacer presión; respire despacio y con regularidad. Después, repita en silencio, para usted mismo, las siguientes ideas; al hacerlo, abstráigase de todo cuanto le rodea, concentre su mente en lo que se diga a sí mismo, de modo tal que, cuando se diga: "Mis pies están relajados", su mente esté concentrada, visualizando sus pies relajados.

"Mis pies se están relajando, se están poniendo suaves, se están aflojando. Mi pie izquierdo se relaja, cada vez se relaja más, se está aflojando; está muy relajado. Mi tobillo izquierdo comienza a relajarse; está muy relajado. Mi pierna izquierda se está relajando; los músculos de la pierna izquierda se van aflojando, se van aflojando cada vez más; están muy relajados. Yo también me voy sintiendo relajado, tranquilo, sereno, en paz. Mi muslo izquierdo se va relajando, se va aflojando, se sigue relajando cada vez más; mi muslo izquierdo está muy relajado. (Se repite con la pierna derecha).

"La relajación de mis piernas y muslos va subiendo a todo mi cuerpo, me estoy sintiendo más relajado. Los músculos de mi abdomen se van relajando, se aflojan; cada vez se suavizan más, están más flojos; están muy relajados. Los músculos de mi estómago se aflojan, se están relajando; están muy relajados. Yo me siento cómodo, tranquilo, sereno. Los músculos del pecho también se relajan, se están suavizando, se están aflojando; están muy relajados. Mi respiración es suave; respiro suave, regularmente; me siento relajado. Mi corazón late tranquilo, rítmicamente. Los músculos de los hombros también están relajados. Todo mi cuerpo está muy relajado, muy relajado.

"La relajación se va extendiendo al brazo izquierdo. Los músculos del brazo izquierdo se están aflojando, se están soltando; están muy relajados. La mano izquierda se relaja como todo el cuerpo; los músculos de los dedos se están soltando, cada vez están más relajados. (Se repite con el brazo derecho).

"Ahora se están relajando los músculos del cuello, se están aflojando; están muy sueltos. Los músculos de la nuca también se relajan, se están aflojando; están muy relajados. La relajación se extiende al rostro. Los músculos de la cara se aflojan, se ponen suaves; los párpados están relajados, cada vez se relajan más y más; pesan, están muy pesados. Los músculos alrededor de las orejas están muy relajados. Los labios están muy suaves; los músculos de los labios se aflojan, están sueltos. Todo mi cuerpo está muy relajado; me siento cómodo, me siento tranquilo."

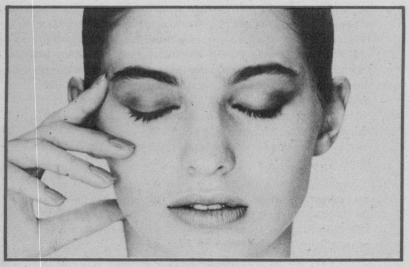

Los ejercicios de relajamiento antes y después de una sesión de estudio, así como unos minutos antes de entrar a examen, resultarán de gran ayuda.

De momento, le parecerá que el ejercicio le va a llevar mucho tiempo; pero, cuando lo haga varias veces, verá que en pocos minutos logra realizarlo. Según lo vaya practicando, irá notando que necesita menos tiempo para alcanzar el estado de relajación.

Es muy importante demostrarse a sí mismo que se PUEDE recordar. El uso correcto de la memoria —fase de registro—, así como el logro de un estado de relajación, lo harán convencerse de que es capaz de memorizar y recordar.

Usted está probándose, constantemente, en todo lo que hace. Si se pone a pintar la casa, y nunca lo había hecho, se preguntará si le está quedando bien, si la pintura ha quedado pareja. Es entonces cuando entra en función el concepto que tiene de sí mismo. Una actitud negativa, no sólo lo llevará a pensar que pinta mal, sino que llegará al extremo de realmente pintar mal: usted se quiere probar que lo que piensa de sí mismo es verdad, y, entonces, pinta mal.

Con la memoria, le pasará otro tanto. Si piensa que no tiene habilidad para memorizar, creará los mecanismos para recordar cada vez menos, pues usted se lo quiere probar, quiere demostrarse que todo se le olvida. Pero si su actitud es positiva, si se repite que va a memorizar, si se estimula, ciertamente va a lograrlo. Después, todo será positivismo: a más logros, más demostraciones de que puede y de que llegará el momento en que memorice de una manera fácil y automática, sin tener que realizar grandes esfuerzos ni ejercicios de relajación.

Usted constantemente se está probando a sí mismo. Si nunca había cocinado, al tratar de confeccionar un plato se preguntará si le está quedando bien. Una actitud positiva le brindará resultados maravillosos.

CAPÍTULO III

EL OLVIDO
Y LA AMNESIA

EL OLVIDO: ¿QUÉ ENTENDEMOS POR "OLVIDAR"?

En los capítulos anteriores nos referimos a dos facultades de nuestra mente que, en cierto sentido, podemos considerar opuestas:

a) memorizar, que consiste en almacenar información; y
b) recordar, que consiste en recuperarla.

Si reflexionamos sobre lo que hemos dicho en relación con el recuerdo y la acción de recordar, es posible que nos hagamos la siguiente pregunta: ¿Se pueden recuperar todos los recuerdos que tenemos almacenados? Diariamente, oímos a familiares y amigos lamentarse por no haber recordado hacer algo que se habían propuesto. Pueden ser actividades de poca importancia, como poner en correos una carta; o de gran trascendencia, como no haber asistido a una entrevista de negocios. O quizás se olvida acudir a una cita con el dentista. Les sucede a los estudiantes en el momento de los exámenes: no recuerdan la materia sobre la que les están preguntando. La excusa es siempre la misma: "¡Qué mala memoria tengo! ¡Todo lo OLVIDO!"

Olvido y **olvidar** son palabras de uso frecuente, y en muchos casos no las empleamos correctamente, de acuerdo con su verdadero significado. Cuando nos referimos al proceso de memorización, vimos que la **atención** y el **interés** son factores primordiales para poder memorizar y, por lo tanto, para recordar.

Imaginemos a alguien sentado, mirando el televisor, pues está aburrido y no tiene otra cosa que hacer. El tema del programa televisado no logra motivar su atención, no le interesa; hubiera preferido ver un partido de fútbol, y no le queda otra alternativa que mirar un documental sobre la guerra de Vietnam. Varios días después, cuando se encuentra con algunos amigos, conversa con ellos sobre dicho documental. Al pedírsele su opinión sobre el mismo, no puede emitir ningún juicio crítico, y sólo atina a decir: "No me acuerdo bien de lo que pasó; ya se me olvidó. Mi memoria es funesta". En este caso particular, no se puede hablar de un OLVIDO real; lo que en realidad ha ocurrido es que este sujeto no ha memorizado por falta de interés y atención; por tal razón, no puede, de ninguna manera, recordar. Considerar esto como un olvido es inapropiado.

Diferente sería esta otra situación. Estamos conversando acerca de un hecho del cual recordamos todos los detalles, excepto la fecha. Estamos seguros de saberla; lo sentimos; llegamos a decir: "La tengo en la punta de la lengua". En este caso el olvido es transitorio, pues sabemos que más tarde recordaremos el dato olvidado. El hecho de no recordar, en determinado momento, la fecha, no puede considerarse tampoco como un olvido real.

¿En qué consiste, pues, el olvido? Cuando somos incapaces, absolutamente, de traer a la memoria consciente algún recuerdo, podemos decir que hemos olvidado. El olvido implica la imposibilidad de recuperar información; es la pérdida de ésta.

Existen varias teorías que tratan de explicar este fenómeno. Para los que consideran la memoria como un conjunto de huellas mnémicas, el olvido no es más que el desgaste de esas huellas, con el transcurso del tiempo. Algo así como lo que le sucede a un edificio acabado de pintar: el efecto del sol y la lluvia, día tras día, hacen disminuir la intensidad de su color original y, con el paso de los meses o los años, llega a dar la impresión de no haber sido pintado nunca. De acuerdo con esa tesis, los recuerdos se van desvaneciendo, poco a poco, como si se fueran gastando o consumiendo, hasta que llega el olvido.

Existen otras teorías de mayor rigor científico cuyos argumentos son, racionalmente, más aceptables, más convincentes. Entre ellas, hay una basada en la interferencia, y otra en la represión; éstas no se excluyen, porque cada una explica un caso distinto de olvido.

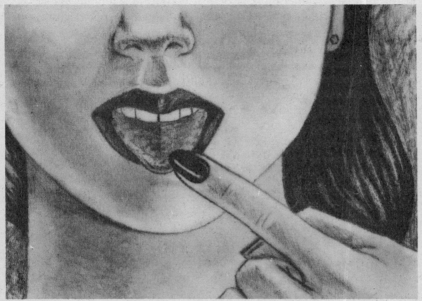

Cuando alguien utiliza la expresión: "Lo tengo en la punta de la lengua", sabemos que no se trata de un olvido real, sino que es un olvido transitorio, y que más tarde se recordará el dato que interesa.

Olvido e interferencia

Es muy probable que usted haya tomado parte, u oído hablar, de las siguientes situaciones. Dos personas están conversando por teléfono y, de pronto, en la comunicación, aparece una tercera persona. En seguida reaccionamos y nos damos cuenta de que hay un cruce de líneas, una interferencia en la llamada. O cuando estamos oyendo la radio y notamos una mezcla de sonidos, como si se produjeran simultáneamente. (En este caso, es muy probable que un radioaficionado se haya puesto a transmitir en la misma frecuencia de la emisora que teníamos sintonizada.) Ha habido una interferencia de ondas de radio; una de ellas interfiere y perturba a la otra.

Situaciones análogas determinan, con bastante regularidad, el olvido. Una acción realizada inmediatamente después de un período de aprendizaje, ayuda a desplazar, a entorpecer lo que se aprendió, o sea, interfiere, disminuyendo las posibilidades de recordar y aumentando las de olvidar. La interferencia ocurre porque la siguiente fuente de información entorpece o interfiere la atención y el interés, que son factores básicos del proceso de memorización.

El hecho de realizar dos actividades análogas, como leer un artículo en el periódico después de estudiar para un examen, disminuye las posibilidades de recordar y aumenta las de olvidar.

Todo buen estudiante sabe que lo que se aprende por la noche, antes de acostarse, se recuerda con facilidad, y que es poco probable que se olvide. No es que el sueño evite el olvido; lo que sucede es que, al no realizarse ninguna acción mientras se duerme, no se producen interferencias, y el proceso fisiológico en que se consolida la memorización opera con mayor eficiencia. Por eso, muchas personas, antes del día del examen, acostumbran darle un repaso-resumen a toda la materia que van a examinar el día siguiente.

Desde luego, no queremos decir que cualquier acción realizada después de otra, incremente el olvido, por interferencia. Cuando ésta ocurre se debe a la similitud existente entre las dos tareas, a su semejanza. Ésta es la razón por la cual suele aconsejarse que, durante los descansos tomados en las sesiones de estudio, se realicen actividades que no tengan relación con la materia objeto de estudio.

Cuando dormimos, el proceso fisiológico en que se consolida la memorización opera con mayor eficiencia. Esto se debe mayormente a que cesan los estímulos y, por ende, la interferencia.

Represión y olvido de hechos desagradables

La represión es otro de los factores causantes del olvido. Su origen no es externo —como la interferencia—, sino interno, síquico. Se puede presentar en cualquier persona, no solamente en las que padecen de trastornos emocionales. En cierto sentido, se considera un sistema de defensa del individuo para olvidar sucesos desagradables.

Freud describió la represión como un mecanismo inconsciente que se produce en la persona para sacar de su conciencia (para OLVIDAR) sucesos, pensamientos, sentimientos que le crean angustia, temor o que no son compatibles con sus principios morales.

Para explicar esta teoría, se basó en el caso de uno de sus pacientes. Éste podía recitar un poema completo, pero olvidaba simpre un verso en que se describía un abeto nevado, el cual, según el texto, parecía estar **"cubierto con una sábana blanca"**. Para lograr su propósito, Freud sometió a este paciente a sesiones de asociación libre. Durante las mismas averiguó, a través de una primera asociación, que el sujeto, inconscientemente, relacionaba la sábana blanca del poema con las sábanas blancas utilizadas para cubrir los cuerpos de los cadáveres. Por otra de las asociaciones, llegó a saber que su paciente también relacionaba la muerte de su hermano —causada por una enfermedad congénita del corazón— con el temor de que a él le pasara lo mismo.

La causa real del olvido de ese verso era que el paciente quería evitar la ansiedad y la angustia que le provocaba la idea de poder enfermarse del corazón y morir prematuramente.

Se han realizado algunos experimentos para estudiar más de cerca la relación que existe entre el olvido y la represión, creando en los sujetos una tensión tal, que favorezca el desarrollo de la represión. Uno de ellos se realizó de la siguiente manera: se escogió un grupo de personas, y se les hizo aprender, de memoria, una lista de sílabas sin sentido. Después de la fase de aprendizaje, el instructor, antes de pedirles que recordasen la lista, fue fuertemente grosero con ellos. Los resultados, como se esperaba, fueron malísimos. Los sujetos no lograron recordar las sílabas de la lista, pues habían reprimido lo estudiado por la relación que guardaba con un suceso desagradable: las groserías del instructor.

Posteriormente, en otra sesión, se les explicó, a los mismos indivi-duos, la razón del comportamiento del instructor (el por qué de su trato grosero). Después de convencerlos, se les sometió de nuevo a prueba.

La represión es otro factor que causa el olvido. Este mecanismo permite a la persona trasladar al subconsciente las experiencias que le resultan dolorosas. Más adelante, algunas de éstas suelen presentarse en sueños.

Los resultados mejoraron considerablemente. Fueron capaces de recordar mayor cantidad de sílabas sin sentido. Esto explica el hecho de que al disminuir o desaparecer la represión del mal trato, disminuyera también el olvido.

En otro experimento, se les dio a varias personas listas de palabras para que hiciesen asociaciones libres con cada una de ellas. Los vocablos estaban mezclados, pues habían sido seleccionados para tal prueba por el experimentador; unos eran sencillos, emocionalmente "neutrales", tales como: *vaca, árbol, ventana*. Otros, como *pelea, miedo, angustia*, tendían a provocar emociones negativas, según el sujeto las relacionase o las asociase con sus propias vivencias. La hoja de las asociaciones fue recogida y, en la fase final del experimento, se les pidió que recordasen lo que habían escrito anteriormente. La mayor cantidad de recuerdos correspondió a las asociaciones hechas con las palabras "neutrales", mientras que las de las palabras "emotivas" fueron muy pocas.

De estos experimentos se desprende la estrecha relación que existe entre el olvido y la represión de hechos o cosas desagradables. Mientras más molestia o disgusto causa un hecho, mayor es la tendencia a olvidarlo que tiene el individuo. Usted puede comprobarlo por sí mismo. Le bastará con tomar un lápiz y un papel. Se sentará en un lugar tranquilo donde nadie lo moleste. Si prefiere, puede hacer el ejercicio de relajación que aparece en el Capítulo II; si no, concédase varios minutos para relajarse y eliminar tensiones. Procure traer a su memoria consciente la mayor cantidad de recuerdos almacenados antes de haber cumplido los 8 años de edad, y vaya tomando nota, sin ponerles atención, facilitando la afluencia espontánea. Evite reflexionar sobre lo que recuerda, para no desviar la atención. Después que haya terminado, clasifíquelos en *agradables* o *desagradables* y *neutrales* (ni lo uno ni lo otro). Es muy probable que los porcentajes que obtenga coincidan con los resultados de las investigaciones científicas realizadas:

50% de recuerdos **agradables**.
30% de recuerdos **desagradables**.
20% de recuerdos **neutrales**.

Estos resultados nos llevan a pensar que existe una marcada tendencia a recordar mejor los acontecimientos agradables, y a sacar de la

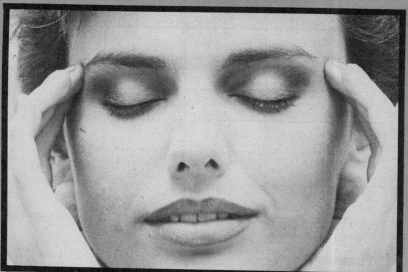

Al tratar de recordar el pasado, siempre prevalecerán los recuerdos agradables. Esto se debe a que existe una estrecha relación entre el olvido y la represión de hechos que nos producen dolor, ansiedad, temor, etc.

memoria, a través de la represión, los recuerdos desagradables.

La represión no consiste en hacer desaparecer de la memoria, por completo, los hechos desagradables reprimidos. Lo que ocurre es que éstos se encuentran localizados en una región de la mente a la cual la conciencia no tiene acceso: el inconsciente. Las neurosis se originan por estos hechos reprimidos, generalmente ocurridos durante la niñez, los cuales fueron enviados, por represión, al inconsciente, cargados de toda la fuerza emotiva con que se recibieron, sin haberlos comprendido ni haberles dado una solución. Desde esta esfera síquica, se manifiestan a través de síntomas neuróticos: angustia, ansiedad, depresión, estados obsesivo-compulsivos, etc.; y también a través de los sueños, mediante los cuales el sujeto libera un poco la carga emotiva con la que fueron reprimidos originalmente.

La represión de hechos desagradables no significa su olvido, sino que estos recuerdos simplemente son pasados al inconsciente y pueden producir neurosis. Las fobias a los insectos, a las alturas, etc., son un claro ejemplo de ello.

Posiblemente usted haya leído alguna novela basada en la historia de una persona que pierde la memoria, que padece de amnesia. Y, casi seguro, ha leído o escuchado la noticia del hallazgo de un individuo en los suburbios de la ciudad, perdido en un parque o en una estación de ómnibus, que no sabe quién es, qué hace, a qué se ha dedicado, dónde vive, cómo se llama, quiénes son sus familiares; en fin, alguien que no recuerda nada. Al recluirlo en un centro especializado y brindarle la debida atención, después de unos cuantos días, logra recordar quién es y recupera por completo su memoria. Hay otros casos que no responden rápidamente al tratamiento, por ser más difíciles y porque necesitan otro tipo de ayuda. A ellos nos referimos más adelante.

Casi siempre las personas que pierden su memoria temporalmente, se encuentran atravesando una terrible crisis emocional. Como no se sienten capaces de soportarla y no pueden cambiar las causas de sus problemas, o los problemas en sí, inconscientemente, encuentran sólo una salida: la huida; es decir, dejan de ser quienes son, al menos, temporalmente, en espera de que la situación traumatizante cambie.

En casos como el descrito, se emplea la palabra *fuga*, sinónimo de *huida*, para caracterizar este tipo de olvido patológico (enfermizo) o amnesia histérica. El origen de este trastorno es síquico; no está determinado por ninguna lesión o disfunción del cerebro o del sistema nervioso. Los síntomas histéricos varían de un paciente a otro, y si bien éstos son muy diferentes a los de origen físico u orgánico, para quien los padece son igualmente reales. En general, la persona que padece de una fuga, se recupera fácil y rápidamente, si lucha contra la causa que provoca su ansiedad, y es muy poco probable que sufra una recaída.

Hay que destacar que, con la represión, el individuo envía al inconsciente un hecho o conjunto de hechos desagradables, que quiere olvidar. En casos críticos, estos hechos reprimidos pueden dar origen a una neurosis. El individuo puede sufrir un trauma síquico, o padecer un trastorno de personalidad, pero conserva su identidad y su memoria. En cambio, en los casos de amnesia, la persona lo olvida todo; con la pérdida de la memoria, pierde una de las principales propiedades de ésta: su identidad. En los casos de fuga específicamente, la persona olvida, **transitoriamente,** su forma de ser, su identidad, manteniendo una conducta fija, representativa del trastorno que padece. Pero durante su tratamiento va tomando conciencia poco a poco de quién es, hasta lograr su completa recuperación.

En los casos de amnesia, puede ocurrir que el individuo llegue a adquirir una o más personalidades, que se excluyen mutuamente. Tal es el caso descrito en el libro "Las tres caras de Eva".

Hay otros casos de amnesia histérica mucho más complejos. Las personas que la padecen presentan dos personalidades (o estados mentales) completamente diferentes: la que han tenido siempre y la que han adquirido a consecuencia de la enfermedad, viviéndolas en forma alterna, de modo tal que, cuando están en una de ellas, no tienen conciencia de la existencia de la otra, y viceversa.

En los casos de amnesia, la complejidad puede llegar a extremos tales, que el individuo no sólo adopta otra personalidad, sino que llega a adquirir dos o más personalidades, que se excluyen mutuamente. A este trastorno se le conoce como **personalidades múltiples** y, si bien no es muy frecuente, se tienen registrados alrededor de 100 casos, de los cuales un 20% ha desarrollado más de dos personalidades diferentes.

Tal vez el caso más conocido sea el descrito en el libro **Las tres caras de Eva,** que ha sido llevado al cine. La protagonista de la novela manifiesta dos personalidades completamente opuestas. La suya propia, conocida como Eva Blanca, una mujer sencilla, afable, trabajadora, amante de su casa y de su familia; y la segunda, Eva Negra, una mujer egoísta, amante de las diversiones, e irresponsable en su trabajo. Eva Negra sabe de la existencia de Eva Blanca, pero ésta desconoce a la primera. La paciente es sometida a tratamiento, durante el cual aparece una tercera personalidad: Yane, con marcadas muestras de equilibrio y consciente de la existencia de las dos Evas, a las que llega a desplazar. Al lograr traer a su conciencia recuerdos desagradables de su niñez que estaban reprimidos y que provocan la existencia de sus diversas personalidades, alcanza su recuperación.

En casos como éste, no hay la menor duda de la presencia de hechos reprimidos —acompañados de una fuerte carga de ansiedad—, de los cuales el paciente no quiere tener conciencia. Los seguidores de la escuela siconalítica fundada por Freud, utilizando las técnicas de la asociación libre y la interpretación de los sueños, ayudan a este tipo de individuo a descubrir sus traumas y a enfrentarse a ellos, como único medio posible de alcanzar el equilibrio emocional, para que pueda incorporarse de nuevo a la sociedad, funcionando como una persona completamente sana y libre de conflictos.

En resumen, la amnesia histérica, hasta aquí analizada, no es más que el conjunto de trastornos de la memoria manifestados de distintas formas: el paciente sufre fugas para olvidarse de quién es, huyéndole a

Después de un choque automovilístico, se puede presentar una amnesia retrógrada, y el paciente se olvida de los sucesos que ocurrieron inmediatamente antes del accidente.

una situación desagradable que no es capaz de tolerar; o desarrolla una o varias personalidades, por haber reprimido hechos con fuerte carga de ansiedad. En general, estos pacientes pueden recuperar su memoria normal, por tratarse de estados transitorios, de origen síquico, sin ninguna lesión cerebral.

AMNESIA TRAUMÁTICA

Por lo general, las personas que tienen accidentes automovilísticos reciben fuertes golpes en la cabeza. En algunos casos, las consecuencias de los daños recibidos en la colisión, son desastrosas, y los individuos sufren graves afecciones intelectuales que los incapacitan completamente; algunos quedan sumidos en un estado vegetativo. Pero la mayoría, en un intervalo mayor o menor (según la gravedad de los golpes recibidos), se llega a recuperar satisfactoriamente. Desde luego, los primeros meses son difíciles siempre. Los golpes en la cabeza producen pérdida de la conciencia, que puede durar segundos, horas o meses. Sólo en casos extremos, no se recupera la memoria. La recuperación es un proceso gradual y lento, que depende de las atenciones y tratamientos que, en forma sistemática, se apliquen a estos pacientes.

Después del accidente, cuando la persona herida logra recuperarse del estado de coma en que se encuentra a consecuencia de los golpes recibidos, atraviesa sucesivos períodos de confusión. Por momentos estará consciente, y podrá mantener una conversación; después, caerá en un vacío y será incapaz de reconocer a sus familiares, ni el lugar donde se encuentra; tampoco podrá describir con coherencia sus propias circunstancias. A este estado de confusión se le conoce como **amnesia postraumática** y puede durar hasta varios meses; pero llega a superarse.

AMNESIA RETRÓGRADA

Se presentan otros casos en que los heridos son capaces de identificarse y dar cuenta de sí. Según van pasando los días, sus relatos son más coherentes, incluso pueden describir las cosas que los rodean; pero aún no pueden recordar el accidente, ni tampoco lo que les sucedió en los últimos años. Esta situación es muy curiosa, pues las personas olvidan su vida anterior. Supongamos que el accidente ha ocurrido en el año 1989. Con el transcurso de las semanas, empieza a recordar los primeros años olvidados, por ejemplo: de 1980 a 1983. Varias semanas después, recuerda algunos años más, hasta 1987. Más adelante, es capaz de recordar hasta 1989; y, finalmente, llega a recordar los acontecimientos inmediatamente anteriores al accidente. A este tipo de amnesia, en que el individuo, a consecuencia de los golpes en la cabeza, pierde la memoria solamente por un período de tiempo que se remonta desde momentos antes del accidente hasta varios años anteriores, se le conoce clínicamente como **amnesia retrógrada.** Se caracteriza por la disminución gradual de la pérdida de la memoria; se empieza a recordar lo más lejano hasta lo que, poco a poco, se va acercando al pasado reciente, y se llega, finalmente, a recordarlo todo, excepto los momentos inmediatamente anteriores al accidente.

El hecho de que los pacientes que han sufrido amnesia retrógrada nunca lleguen a recordar los momentos anteriores al accidente, ha sido motivo de preocupación y de estudio. Ha habido varias interpretaciones. Algunos han pensado que se debe a un proceso de represión para olvidar momentos desagradables; otros han supuesto que, en esos momentos, la persona no recibe la información necesaria para memorizar. La explicación más aceptada es que el golpe recibido en la cabeza no permite el desarrollo del proceso fisiológico mediante el cual la huella mnémica se consolida. Esto explica que el sujeto haya perdido completamente el recuerdo del accidente, puesto que el proceso fisiológico de consolidación ha sido interrumpido por los golpes.

Los golpes en la cabeza pueden causar amnesia retrógrada, cuando provocan trastornos en el proceso fisiológico mediante el cual la huella mnémica se consolida.

La amnesia o pérdida de la memoria no sólo puede ser de origen síquico, como en los casos de amnesia histérica, caracterizada por la fuga y la coexistencia de personalidades múltiples; sino que también suelen causarla las lesiones cerebrales que producen los golpes en la cabeza, como en los casos de amnesia postraumática y retrógrada. Existe otra causa: la edad; con el aumento de ésta, el cerebro, órgano base de la memoria, sufre un proceso normal de envejecimiento, disminuyendo la eficiencia de sus facultades, al igual que los demás órganos del cuerpo.

No es hasta después de cumplidos los cuarenta cuando la memoria comienza a disminuir, lentamente, su rendimiento; pero todavía a esta edad no se manifiestan signos que evidencien el inicio de este proceso de deterioro. Será después de los sesenta cuando se hagan perceptibles, aunque, según las investigaciones realizadas, entre los 40 y los 60, la facilidad para aprender es ligeramente menor que en la adolescencia y entre los 20 y los 30 años. Aparentemente, el funcionamiento de la memoria a corto plazo, como en el caso de los números telefónicos, no sufre variación.

Avanzada la edad de los sesenta, ya cerca de los setenta, se hace evidente que la memoria empieza a fallar. A esta edad, las personas comienzan a olvidar a qué hora deben tomar sus medicamentos, se ponen torpes para afrontar las tareas del día, no se acuerdan de dar los recados y tienen dificultades en atender a una conversación en la que participan varias personas. Además, olvidan fácilmente los lugares donde ponen los objetos, así como las citas médicas.

Los síntomas anteriores se presentan en la mayoría de los ancianos. El hecho de que se acentúen o agudicen indica que la persona padece de demencia senil. Durante varios años, esta enfermedad evoluciona en forma lenta hasta que, en determinado momento, su desarrollo es muy rápido, y se observa, por día, cómo el anciano se vuelve más inútil. No sólo se resquebraja su memoria, sino también toda su actividad intelectual y emocional. La fase durante la cual la incapacidad se acelera, se conoce como *salto mortal*, y ocurre alrededor de un año antes que la persona fallezca.

Aunque no es frecuente, los síntomas característicos de la demencia senil se pueden presentar en personas adultas, aun antes de haber llegado a la ancianidad. Hasta el momento, no se ha podido determinar si en los casos de individuos más jóvenes, se deba a un proceso de envejecimiento prematuro, o si existen otras causas desconocidas. Sí hay algo cierto: el síndrome de la demencia senil normal es muy semejante al de la demencia senil prematura; la amnesia que se manifiesta es real, y lleva aparejada la disminución del resto de las capacidades intelectuales del individuo.

Puesto que cada día la ciencia logra mayores logros en la lucha contra las enfermedades, el promedio de vida se hace cada vez más alto, lo cual aumenta las posibilidades del ser humano de llegar a la vejez, y al mismo tiempo, el número de casos de demencia senil en la sociedad actual. En el campo de la investigación, se están realizando grandes esfuerzos encaminados a encontrar alguna sustancia que restablezca el equilibrio bioquímico del cerebro, como medida para combatir este mal, ya que se considera que su origen está relacionado con alteraciones en la estructura del cerebro y en sus componentes bioquímicos.

Se realizan actualmente investigaciones para encontrar alguna sustancia que restablezca el equilibrio bioquímico del cerebro con el fin de combatir la demencia senil.

En ocasiones, las personas que sufren crisis depresivas no reaccionan ante ningún tratamiento. Los sicofármacos no logran sacarlas de este estado de tristeza, indiferencia y falta de voluntad en que se encuentran atascadas, y los sicoterapeutas se sienten impotentes para ayudarlos a superar esa condición. La solución, en estos casos extremos, consiste en aplicarles la **terapia electroconvulsiva** (o electrochoque, del inglés: *electroshock*), haciendo pasar una corriente eléctrica a través del cerebro, que les provoca una convulsión cerebral, con la consecuente pérdida temporal de la conciencia. Recuperada ésta, el paciente pasa por una etapa de gran confusión y es incapaz de recordar los momentos anteriores al *shock*, como le ocurre también al individuo que sufre de amnesia postraumática provocada por un fuerte golpe en la cabeza, y que no logra recordar los momentos anteriores al accidente, aunque sí mantiene intactos todos los demás recuerdos.

Parece ser que el efecto de la electroconvulsión logra eliminar del cerebro del paciente la idea fija, tal vez inconsciente, que le causa la depresión, por medio de la amnesia temporal provocada. Se conoce el caso de un paciente, que consciente de la causa de su depresión, llegó a expresar:

> "Doctor quiero que me produzca usted la amnesia;
> si el que olvida se empeña en recordar,
> ¿por qué no en olvidar el que recuerda?"

Se sabe, por las investigaciones realizadas, que a muchos pacientes sometidos a la terapia electroconvulsiva, les resulta muy difícil, y a veces imposible, recordar los acontecimientos más recientes (síntoma característico de la amnesia retrógrada), conservando intacto el resto de su memoria.

En pocas semanas, estos individuos se encuentran en condiciones de incorporarse a la vida normal, para completar el restablecimiento de forma gradual, después de habérseles provocado, intencionalmente, una amnesia de tipo postraumático y retrógrado, con el fin de ayudarlos a salir del estado depresivo en que se encontraban.

CAPÍTULO IV

MEMORIA Y APRENDIZAJE

Por lo general, asociamos los términos **memoria** y **memorizar** con nuestra facultad de repetir o reproducir de forma literal cualquier texto leído o estudiado. Así, de un muchacho que recita de memoria una poesía de varias estrofas, decimos que tiene gran retentiva, que tiene excelente memoria. Para lograrlo, sólo necesitó leerla repetidamente, hasta conseguir su objetivo: recordar la poesía sin olvidar ninguna palabra, ningún verso, conservando el orden en que fue escrita.

La repetición y la voluntad fueron las armas de que se valió este muchacho para lograr la memorización. Pero ésta, además de ser fruto de un acto volitivo, lo es también de un hecho accidental. Lo podemos comprobar en los niños pequeños, quienes repiten no sólo las canciones de cuna con que sus mamás los duermen, sino todo lo que escuchan a su alrededor. Ellos no se encuentran aún en condiciones de "proponerse" repetir o recordar lo que oyen. Lo hacen por simple imitación.

La memorización voluntaria es característica de los adultos, quienes ya están capacitados para ejercer su voluntad. Aunque en ellos también funciona la memoria accidental; por ejemplo, les gusta una canción, la oyen varias veces y, sin proponérselo, recuerdan la letra y hasta la melodía. En los niños, prevalece la forma accidental.

Consideremos la siguiente situación. Una persona tiene ante sí un artículo en el que se habla de las características de los analgésicos: cómo actúan en el organismo, qué sustancias químicas son sus ingredientes, en qué forma se pueden suministrar para obtener mejores resultados y evitar graves consecuencias. El sujeto puede leer el artículo varias veces, hasta repetirlo completamente y nada más. Lo puede reproducir como quien recita un poema en un idioma que no es el suyo y que tampoco conoce; sin embargo, su conocimiento del tema es nulo. Pero si lee razonando, averiguando, buscanco cuál es el mensaje que se quiere transmitir, para recordar los aspectos significativos que puede aplicar más tarde, decimos que ha llegado a la etapa del APRENDIZAJE.

La memoria no es la única facultad síquica del ser humano. Lo son también la inteligencia, la imaginación y la afectividad, las cuales se desarrollan según el niño va creciendo, y unas a otras se auxilian y se complementan, formando un todo(*). Al entrar la inteligencia en función, el hombre va más allá de lo que le permiten sus instintos, y esto

Con la práctica de las matemáticas, se incrementa el desarrollo de las facultades racionales; mientras que con la lectura de fábulas, cuentos y novelas, la imaginación es la que resulta beneficiada.

(*) El aprender es una fase más amplia que el recordar, pues consiste en memorizar inteligentemente.

es lo que lo diferencia de los animales. Frente a una situación nueva, ambos tienen que buscar una respuesta, pero lo hacen de forma distinta. Un animal encerrado busca una salida, pero lo hace a tientas: prueba una y otra vez, hasta encontrarla; aprende a base de pruebas y errores. En cambio, un hombre encerrado, antes de buscar la salida, piensa, reflexiona, razona cómo podrá salir; trae a su conciencia (recuerda) experiencias anteriores; las aplica y las amplía valiéndose de su inteligencia. Al encontrar la salida, la nueva experiencia queda aprendida y memorizada.

Memoria, aprendizaje e inteligencia se interrelacionan. El aprendizaje ayuda a cultivar la memoria. El aprender de carretilla poemas, facilita recordar hechos históricos, acontecimientos; con las matemáticas, se incrementa el desarrollo de las facultades racionales, pues el individuo se habitúa a razonar en forma lógica; mientras que con la lectura y el estudio de fábulas, cuentos y novelas, la imaginación es la que resulta beneficiada.

Aprendizaje: concepto, etapas y factores

Por **aprendizaje,** entendemos el proceso en el cual ocurre una modificación interna, de carácter dinámico, realizada por el pensamiento, en que éste comprende y razona el hecho que es objeto de estudio, con lo cual se efectúa una modificación en la conducta, la cual capacita al individuo para afrontar mejor situaciones nuevas o semejantes, aplicando la experiencia adquirida.

Imagine que, en una mañana de invierno, un individuo cualquiera —digamos, Juan—, al salir de su casa para el trabajo, ve el sol brillando intensamente, lo cual le hace pensar que el día va a ser cálido. Por tal razón, decide dejar el abrigo en la casa, para no tener que cargar con él todo el día, a pesar de haber oído por la radio que la temperatura va a descender en el transcurso del día. Al terminar su jornada de trabajo, mientras espera el ómnibus en la parada, las corrientes de aire frío lo hacen temblar, y la llovizna le humedece la ropa… Juan se ha resfriado, y tiene que guardar cama por varios días, a causa de la fiebre y la tos.

Al reflexionar sobre los hechos, lo primero que hace Juan es pensar en estos dos aspectos: la apariencia del día y el pronóstico del tiempo. Comprende, entonces, que se dejó llevar por la apariencia del día y que, por ello, se resfrió, puesto que no estaba bien abrigado. Decide (modificación de la conducta) que, en lo sucesivo, aunque vea el día

Los estudios que establecen una correlación entre los coeficientes de inteligencia de personas relacionadas genéticamente, demuestran que la inteligencia es una facultad heredada. Por ejemplo: si dos individuos tienen el mismo C.I. (coeficiente de inteligencia), el coeficiente de correlación —como muestra el gráfico—, es 1; los coeficientes menores indican una correlación menor. En este diagrama, las columnas verticales indican el nivel de los coeficientes de correlación; el área más oscura muestra el valor promedio para cada tipo de par analizado (padre-hijo, hermano-hermana, gemelo-gemelo).

hermoso, si la radio anuncia un descenso de las temperaturas, llevará su abrigo al trabajo.

Todo aprendizaje aporta una experiencia, que desarrolla la facultad de dar respuestas, más rápidas y eficaces, a nuevas situaciones. De ahí que la expresión "tiene mucha experiencia" sea sinónimo de *tiene conocimiento*; pero no de un conocimiento teórico, sino práctico, funcional, útil.

En este proceso de aprendizaje, se pueden diferenciar tres etapas: a) recepción de impresiones; b) asimilación y organización de lo que se quiere aprender; y c) aplicación de lo aprendido.

En el caso descrito anteriormente, la primera etapa, la **recepción,** está formada por varias impresiones recibidas: la apariencia del día, la noticia de la radio, el aire frío en la parada del ómnibus, la llovizna, la gripe, etc. La segunda etapa es puramente intelectiva: se analizan las impresiones, se organizan los hechos, se valoran las consecuencias. La tercera etapa, donde realmente se demuestra que el aprendizaje fue positivo, está constituida por el cambio de actitud, de conducta: la decisión de llevar el abrigo cada vez que la radio anuncie algún cambio de temperatura.

Aspectos que intervienen en el aprendizaje

Varios son los aspectos que intervienen en el proceso de aprendizaje. Entre ellos, podemos citar:

El fin
La motivación
Atención e interés

¿Qué necesidad tiene el hombre de aprender? ¿Para qué emplea tantos años de su vida aprendiendo? Para dar respuesta a estas preguntas, es preciso tener claro que aprender no es acumular conocimientos, sino adquirir la capacidad de aplicarlos. El hombre aprende con un FIN: dar respuesta a las situaciones que se le van presentando en la vida, en cualquier terreno (personal, familiar, laboral, etc.). De su desenvolvimiento en el campo laboral, dependerá, en gran medida, su potencial económico para afrontar la vida, para adquirir los bienes de consumo.

La necesidad de adquirir un oficio o profesión resulta un poderoso estímulo en el proceso de aprendizaje. El interés es primordial para aprender; si falta la motivación, se dificulta la fijación de los conocimientos. No basta repetir una y mil veces lo que se quiere grabar en la memoria; sólo se retiene lo que se aprende con atención y con el deseo de conservarlo, o sea, cuando hay un fin y una motivación.

Si se quiere aprender bien lo que hace falta saber, si se quiere recordarlo de forma correcta y perdurable, es muy importante tener bien claro el motivo y el fin de aquello que se pretende alcanzar, pues éstos constituyen la base del aprendizaje. Por lo tanto, hay que intensificar la motivación cuando se desea aprender algo y se pretende recordarlo por largo tiempo. Recordemos esta frase: "Lo que bien se aprende, nunca se olvida". De lo contrario, sólo se alcanzará un aprendizaje superficial, ficticio ("con alfileres"), con una memorización muy deficiente; en poco tiempo, se olvidará.

La atención y el interés son factores que también están relacionados con el aprendizaje; éstos son frutos de la motivación. Sólo cuando existe una verdadera atención, se logra mayor eficiencia en los resultados. Es imposible aprender algo sin prestarle atención. ¿Cree usted posible que pueda comprender en qué consiste la **acupuntura** si no presta atención a la explicación?

Todos los especialistas en materia de aprendizaje, pedagogos y sicólogos, reconocen la fuerte influencia que ejerce la motivación a la hora de aprender; saben cuán útil ésta resulta y están conscientes de la diferencia que existe entre estar motivado y no estarlo. Incluso los estudiantes lo llegan a describir en su propio caso: cuando no son capaces de interesarse, cuando la motivación es nula, es preferible no continuar estudiando. Por tal razón, todas las escuelas e instituciones recomiendan fomentar, en los estudiantes, el deseo de aprender; despertar en ellos el interés. En resumen, es necesario motivar al alumnado, pues cada cual aprende y recuerda mejor las cosas que le interesan, y no consigue aprender, ni, al menos, recordar las que no le interesan.

Características personales

El aprendizaje, al igual que todo proceso de naturaleza síquica, está en relación directa con las características específicas de cada ser humano, puesto que cada persona es única. Esto no quiere decir que varios

La atención y el interés son factores primordiales para el aprendizaje; si falta motivación, se dificulta la fijación de conocimientos.

La obra de Picasso que vemos a la derecha de la página, pudo haber sido inspirada por una máscara africana similar a la que observamos en la foto superior. Esto nos proporciona un excelente ejemplo de cómo la creatividad nace de la experiencia y del recuerdo de imágenes acumuladas en la memoria.

individuos no puedan tener características comunes. Digamos que, entre los maestros, existen rasgos que tipifican a todos los que pertenecen a esta clase profesional, con ciertas diferencias en cuanto a la intensidad; pero la cantidad de rasgos comunes o no comunes, y el porcentaje de éstos, no se repite. Cada individuo es único según su sexo, el ambiente sociocultural en que se desenvuelve, su edad, las características genéticas heredadas, los estudios que ha cursado, las costumbres y los hábitos adquiridos en el hogar. Todos estos aspectos son factores influyentes y determinantes en el proceso de aprendizaje del ser humano.

Pero aun en una misma persona, la eficiencia en el aprendizaje no es constante siempre; o sea, a un 40% de esfuerzo no siempre le corresponde un 40% de buenos resultados. El esfuerzo puede ser el máximo y el resultado el mínimo, y viceversa. ¿Por qué? Porque varían los estados en que se encuentra la persona. El cansancio, la enfermedad, una fuerte emoción recibida, un medicamento, la tensión, una preocupación o un simple dolor de cabeza disminuyen considerablemente la capacidad de aprendizaje, aunque sólo sea transitoriamente.

El cansancio, la enfermedad, una fuerte emoción recibida, la tensión o una preocupación disminuyen considerablemente la capacidad de aprendizaje.

También se han realizado investigaciones sobre la relación existente entre el sexo y la capacidad de aprendizaje. Partiendo de esta premisa: "¿Quiénes aprenden mejor: los hombres o las mujeres?", los investigadores han llegado a la conclusión de que no hay primacía de un sexo sobre otro en cuanto a la capacidad para aprender.

El sexo no guarda relación con el aprendizaje. En los experimentos realizados con sujetos de ambos sexos, se les dio a los dos grupos de estudio las mismas condiciones y no se apreciaron diferencias notables. En algunos casos, las mujeres se destacaban más; en otros, los hombres; pero, generalmente, los resultados eran semejantes en ambos grupos.

El factor "edad" sí tiene relación. Las investigaciones que se han llevado a cabo han tenido como base la **extensión de la memoria**, nombre dado a la cantidad de material que se puede recordar después de verlo u oírlo una sola vez. El material más útil en estos experimentos lo constituyen los números, desde los de dos cifras, hasta los de diez. Observemos la siguiente tabla:

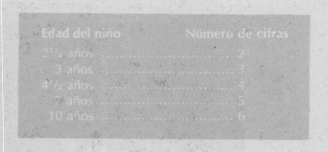

Edad del niño	Número de cifras
2½ años	2
3 años	3
4½ años	4
7 años	5
10 años	6

La tabla indica que, según parece, la cantidad de cifras que se recuerdan es mayor, pero no proporcional a la edad. El aumento es progresivo, pero, al mismo tiempo, descendente. Los niños de 4½ años recuerdan 4 cifras, pero los de 9 años no recuerdan 8 cifras. No será hasta los 10 años cuando puedan recordar 6. De los 4½ hasta los 10, en que transcurren 5½ años, sólo asciende 2 cifras: de 4 a 6. Este incremento se hace cada vez más lento, y se alcanza entre los 15 y los 30 años la extensión promedio, que es de 7 cifras.

La capacidad para aprender en la relación extensión-edad, aumenta en los primeros años, al igual que el crecimiento físico; en la adultez se detiene y, después de los 30, comienza a disminuir, lenta pero progresivamente.

¿HAY DIFERENCIAS CEREBRALES SEGÚN EL SEXO?

Los hombres, por lo general, aventajan a las mujeres en lo que respecta al "funcionamiento espacial", es decir, la habilidad de visualizar y manipular objetos en un espacio tridimensional. Sin embargo, en los hombres que no producen la hormona sexual masculina llamada testosterona, las habilidades espaciales aparecen menos desarrolladas. Las consecuencias de esto se pueden observar en la vida práctica, como en el caso de las personas que tienen dificultad en diferenciar el lado derecho del izquierdo. En uno de los estudios realizados, las mujeres reportaron el doble de casos de confusión en lo que respecta a decidir rápidamente la orientación derecha-izquierda.

He aquí otras áreas en las que las diferencias cerebrales según el sexo, desempeñan un papel prominente:

• **Habilidades lingüísticas.** Las niñas aprenden a hablar más temprano, tienen mayor facilidad para aprender otras lenguas y se expresan más fluidamente.

• **Habilidades manuales.** Desde temprana edad, las niñas realizan mejor los movimientos consecutivos rápidos, y, como resultado, tienen mejor caligrafía que los niños.

• **Habilidades matemáticas.** En matemáticas, quienes alcanzan los mejores resultados son, mayoritariamente, personas del sexo masculino. Sobre esto, los investigadores Camilla Benbow y Julian Stanley, del centro de investigaciones Johns Hopkins, declaran: "Apoyamos la hipótesis según la cual las diferencias en cuanto a resultados en el campo de las matemáticas, provienen de las habilidades que posee el sexo masculino en las labores espaciales."

• **Dislexia, tartamudeo, retraso en el habla, autismo, hiperactividad.** Cada uno de estos trastornos ocurre con mayor frecuencia en los individuos del sexo masculino.

Aunque se han establecido claramente esas diferencias en relación con el sexo, no se ha podido, hasta ahora, demostrar convincentemente que exista una diferencia anatómica entre las estructuras cerebrales de un hombre y las de una mujer. Estas diferencias de comportamiento pudieran ser el resultado de ciertos cambios químicos en el funcionamiento cerebral, determinados por la influencia de las hormonas sexuales cuando se inicia el desarrollo prenatal.

CAPÍTULO V

CÓMO DESARROLLAR LA MEMORIA

¿POR QUÉ NECESITAMOS UNA BUENA MEMORIA?

Utilizamos nuestra memoria constantemente, sin darnos cuenta, en cada cosa que hacemos o pensamos. Ahora usted lee este libro, y puede hacerlo porque recuerda cómo leer y el significado de todas y cada una de las palabras. De lo contrario, cada grupo de letras sólo sería para usted una mancha de tinta en el papel, como tantas otras; no le recordaría ningún objeto, persona ni acción. El ser humano, sin su memoria consciente, sería un animal más de la escala zoológica. Para realizar cualquier tipo de trabajo, necesita recordar, como lo indican los siguientes ejemplos:

a) Mario es carpintero; llega a su trabajo y no se acuerda de cómo usar el serrucho para cortar un pedazo de madera.

b) Luisa está cocinando la cena y no recuerda cómo condimentarla.

c) Carlos, profesor de Historia, no recuerda durante su clase el lugar, la fecha ni las personas o países que participaron en la batalla que va a explicar ese día.

Desde luego, éstos son sólo casos extremos, para que se dé cuenta de que, en cada momento, la memoria nos acompaña. Busquemos otro ejemplo, no ya de una persona que lo olvida todo, hasta lo más elemental, sino de ese tipo de individuo que olvida los pequeños detalles —a veces trascendentales—; de ésos que se acusan a sí mismos de tener mala memoria y que culpan a ésta de sus fracasos.

Pedro dejó su trabajo hace varias semanas, con la idea de conseguir otro, con mejores condiciones y mayor remuneración. Él sabe muy bien que es buen electricista, pues en pocos años ha ocupado varios puestos en la misma compañía y, tanto sus compañeros de trabajo, como los supervisores que ha tenido, han alabado la calidad de su labor.

Todas las mañanas, después de desayunar, leía en el periódico la sección de los clasificados, en busca del empleo ideal para él: buen salario, cerca de su casa, horario cómodo, etc. Pedro encontró varios anuncios que le interesaron y, con mucho cuidado, escribió cartas de solicitud de empleo, detallando, en un resumen, sus conocimientos y experiencias en el giro; pidió cartas de recomendación de anteriores empleos y de amistades. A los pocos días, recibió una llamada telefónica del Jefe de Personal de una de las empresas a las que había escrito, quien le comunicó que le concedían una entrevista después de haber revisado su solicitud.

Llegó el día esperado. Se despertó haciéndose un sinnúmero de preguntas; estaba consciente de que la entrevista de trabajo era determinante para conseguir el empleo. (Prácticamente, es la entrevista la que hace que el entrevistador tome una decisión; la impresión que éste reciba será decisiva.) Necesitaba poner en orden su mente a fin de no olvidar nada, pero le era imposible. La noche anterior había pensado en todo lo que debía hacer por la mañana antes de partir, pero ¿qué tenía que hacer? Como no logró recordarlo, se dijo a sí mismo: "Si no me acuerdo, es que no serán cosas de gran importancia".

La entrevista era a las 9:30 a.m., y, diez minutos antes, ya estaba sentado en el salón de espera. Su entrevistador fue puntual; la secretaria de éste lo mandó a pasar a la hora señalada. Al levantarse, miró sus zapatos y vio que estaban sucios. Fue entonces cuando recordó que no los había limpiado, a pesar de habérselo propuesto la noche anterior. Se sintió muy desanimado y lleno de angustia, pensando para sí: "Siempre mi memoria me falla; tengo que evitar que me vean los zapatos".

Este primer incidente, ocurrido antes de empezar la entrevista, hizo disminuir su confianza en sí mismo, a la vez que le trajo una preocupación más: esconder los zapatos de la vista del entrevistador. Mientras caminaba hacia el local que le indicaron, recordó que no había leído, tal como se lo había propuesto también, la carta de solicitud de empleo y el resumen de sus conocimientos y experiencias. De nuevo, otro "fallo de la memoria". Se sintió aturdido, confuso; no se acordaba del nombre del entrevistador y ya lo tenía frente a sí; tampoco recordaba qué debía decir. Cada vez se sentía más atormentado.

Mientras pensaba cómo esconder los pies y trataba de recordar el nombre de la compañía donde estaba y el del Jefe de Personal, no podía oír lo que le estaban preguntando. El tono en que se le hizo la pregunta, por segunda o tercera vez, le hizo darse cuenta de que su interlocutor estaba algo molesto; éste le preguntaba por su experiencia y por las referencias dadas. ¡Qué alivio! Traía consigo copias del resumen, de las recomendaciones y de la solicitud. Era la oportunidad que necesitaba. Mientras el entrevistador leyera los documentos, él podría serenarse y ordenar sus ideas. Al abrir el portafolio, vio que estaba vacío; había olvidado poner en él los papeles. De nuevo, la "memoria le había vuelto a fallar".

Comprendió que todo iba a ser un fracaso, y se sintió arruinado. Luchó por sobreponerse durante el resto de la entrevista, pero todo fue en vano. Tuvo la suerte de que el entrevistador terminó enseguida —¿qué otra cosa se podía esperar? Con frases elocuentes y agradeciéndole el tiempo brindado por presentarse, aquél le dijo que no era la persona que buscaban.

De regreso a su casa, Pedro culpó una y otra vez a su MALA MEMORIA por no haber conseguido el empleo. Sabía que le sobraban conocimiento y capacidad para desempeñar el puesto que solicitaba, pero no fue capaz de demostrar al entrevistador que poseía esas cualidades.

Ciertamente, Pedro tiene razón al decir que no ha podido conseguir el empleo por su mala memoria, y por la forma de conducirse durante la entrevista, presa de la angustia y la tensión al tomar conciencia de sus olvidos. Pero pierde perspectiva al considerar que no puede cambiar. Su fracaso es el fracaso de muchos. Con la tan repetida frase: "falta de memoria", justificamos las culpas, y perdemos así grandes oportunidades. Memorizar es una facultad que se desarrolla y se mejora. ¿Cómo? Aprendiendo a concentrarse; la concentración, como técnica, ayuda a entrenar la memoria.

SENTIMIENTOS CAUSADOS POR EL OLVIDO

La necesidad de que la memoria funcione eficazmente no sólo se hace evidente en situaciones como la de Pedro. Se depende de la memoria para todo. Muchas de las personas que con cierta frecuencia olvidan algo importante, al darse cuenta de ello, se aturden, se sienten inferiores e incapacitados. A pesar de hacer grandes esfuerzos por recordar, no pueden lograr su objetivo; se desaniman, pierden confianza en sí mismas y, además, proyectan a los demás esa imagen tan negativa que tienen de sí.

La falta de memoria se manifiesta en muchas facetas. Para algunos, la gran dificultad consiste en olvidar los nombres de las personas. Con cierta regularidad pasan por la experiencia de encontrarse con alguien cuyo nombre no recuerdan. El individuo que tiene esta forma de ser y de actuar, en estos casos quisiera que la tierra se abriera y se lo tragara. La otra persona lo saluda efusivamente, le hace preguntas por sus familiares allegados y sólo puede contestar con frases cortas. No se atreve a mantener una conversación, no sabe de qué va a hablarle; se siente perdido, como si tuviera la mente en blanco. Poco a poco, observa cómo la otra persona se da cuenta de que no la han reconocido y cómo disminuye el entusiasmo del encuentro. Lee en los ojos del amigo la desilusión que éste siente al pensar que no significa nada, que lo han olvidado, y, con una excusa, se despide.

¿Y si es a usted a quien han olvidado? En cualquiera de los casos, para ambos, la escena es bien desagradable. Lo mejor es llenarse de coraje y confesar que no se recuerda el nombre, pues de este modo se demuestra que hay interés. El nombre propio de cada persona es muy significativo, pues sirve para diferenciarla de las demás, como elemento distintivo o símbolo de individualidad. Cada cual ama su nombre; si no el que le pusieron al nacer (aquél con el cual fue registrado), al menos el que utiliza para comunicarse con los demás, aunque sea tan sólo un apodo o un diminutivo.

Otros de los sentimientos relacionados con la memoria y el olvido son los de seguridad e inseguridad, respectivamente. Al realizar un examen, el poder recordar fácilmente la materia estudiada hace que el alumno desarrolle las ideas con soltura y confianza. Lo mismo sucede en el trabajo. Si el supervisor llama a un empleado para preguntarle algo en particular, el poder recordar todos los hechos relacionados con la pregunta hace que el interrogado no sólo se sienta seguro de lo que está respondiendo, sino que, incluso, sea capaz de defender su opinión. La falta de memoria, en casos como éste, produce inseguridad en la persona que olvida y, en los demás, desconfianza, pues proyecta una imagen de irresponsabilidad y descuido.

La dificultad en recordar abarca todas las esferas en que se mueve el ser humano: el hogar, la escuela, el trabajo, el club, el negocio, la agrupación. Por eso, nos preguntamos: ¿Es que la memoria es mala? No, lo que ocurre es una mala memorización, a causa de una deficiencia personal: la falta de interés o motivación cuando se lee, se estudia o se trabaja. Falta de CONCENTRACIÓN en lo que se hace.

Muchas personas con cierta frecuencia olvidan algo importante. Al darse cuenta de ello, se sienten sumamente frustrados, inferiores e incapacitados, pues, a pesar de sus múltiples esfuerzos, no logran recordar.

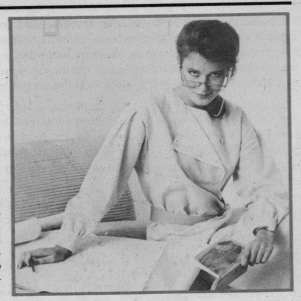

Cuando su supervisor le hace una pregunta, el estar preparado y recordar todos los hechos relacionados con el asunto hará que usted se sienta seguro de sí y capaz de defender su opinión.

DESARROLLE SU MEMORIA

¿Se puede hacer algo para mejorar la memoria? Desde luego que sí. En este capítulo nos referimos a todas las pequeñas ayudas, técnicas o métodos auxiliares para desarrollarla. Tenga presente que el olvido o la deficiencia en recordar no es, generalmente, un mal orgánico o funcional, sino una consecuencia de la falta de interés y motivación que existe durante el proceso de memorización.

Resulta mucho más fácil recordar un objeto que un concepto abstracto. Cuando se mira un objeto, la "imagen" de éste queda grabada en la memoria como si se le hubiese retratado con una cámara fotográfica. Se hace, pues, necesario, almacenar la mayor cantidad de fotos. Los conceptos abstractos se deben convertir en imágenes, las cuales son mucho más fáciles de recordar.

La disponibilidad de imágenes (nos la podemos crear) mejoran la concentración; no es lo mismo pensar en el concepto "fuerza", que imaginar un tractor tirando de un arado, o a un deportista levantando pesas, o una grúa moviendo grandes rocas. Con imágenes, usted puede pensar mejor, profundizar en el concepto; en fin, concentrarse en lo que está pensando.

Si, al mirar un edificio, no sólo se mira, sino que se observa con detenimiento toda su apariencia —altura, cantidad de pisos, color exterior, balcones, ventanas, jardines, entradas y parqueos—, será mucho más fácil recordarlo. La observación ayuda a la memoria, mejorando aquélla, mejora la claridad del recuerdo.

En capítulos anteriores, hemos dicho que el interés y la motivación son fundamentales en el proceso de memorizar. De nuevo, hacemos hincapié en ellos. Leer un libro con interés, ayuda a recordar lo que se ha leído. Cuando le presentan a una persona que le va a conseguir empleo, difícilmente usted olvide su rostro, pues lo habrá mirado con especial interés.

Volviendo al ejemplo del edificio: si lo observa porque le interesa alquilar o comprar un apartamento, comprenderá que en el interés se basa la observación y la concentración.

OBSERVE Y CONCÉNTRESE

Se recuerda más fácilmente aquello que se ha visto, ya sea un objeto, una persona o una cosa. Pero, si en vez de mirar, lo que se hizo fue fijar la vista, es decir OBSERVAR, no sólo se recordará más rápido, sino con mayor nitidez. Observar con detenimiento evita perder detalles. Cuando le presenten a una persona, obsérvela bien: la va a recordar con mayor facilidad.

¿Qué tal es su **nivel de observación**? En el caso de que usted estime que es bajo o insuficiente, intente mejorarlo, y recordará con mayor nitidez y precisión. Le sugerimos que se ejercite con estos ejemplos.

Haga un recuento de algunas habitaciones que usted crea conocer bien, y decídase por una de ellas, una sola. Es preferible que permanezca cómodamente sentado y relajado. Puede cerrar los ojos para evitar distracciones. Trate de recordar lo más posible de la habitación que escogió. Mentalmente, vaya relacionando lo que recuerde; por ejemplo: los muebles que hay, cómo están colocados; cómo es el piso; de qué color están pintadas las paredes; dónde están las ventanas, cómo son éstas; si hay cortinas, cómo son; cómo están distribuidos los cuadros, qué paisajes o personas aparecen en ellos; qué objetos decorativos hay. Piense en cada objeto por separado, tratando de describirlo. Cuando ya no recuerde nada más, abra los ojos y vaya a la habitación. Verifique que todo lo recordado está realmente en la habitación, o determine si ha agregado cosas que no están. Fíjese en lo que pueda haber olvidado. Repita el ejercicio cuantas veces lo necesite, hasta que no olvide ningún detalle. No es necesario que lo haga todo en un mismo día; puede hacerlo en varias oportunidades. Otra variante consiste en practicar con habitaciones que no conozca bien. Bastará que le dé una buena ojeada antes de empezar y que después prosiga como se indicó con respecto a las habitaciones bien conocidas.

Las personas a las que les gusta frecuentar las tiendas, tal vez se sientan más motivadas practicando con las vidrieras donde se exhibe la mercancía. Vaya a su tienda favorita y OBSERVE con detenimiento una vidriera. Fíjese en todos los artículos que hay en ella; vea cómo están situados y cuál es su precio. Retírese y haga una lista de todo aquello que recuerda haber visto. Dibuje a grandes rasgos la vidriera y la disposición de los artículos. Si le sirve de ayuda, escríbale el precio a cada lado. Regrese y verifique lo que anotó. Preste atención, tanto a lo que le faltó por poner, como a lo que puso de más. Observe de nuevo lo que exhiben, insistiendo en los fallos. Es conveniente repetir el ejercicio hasta lograr anotar todos los artículos que están en exhibición.

Para practicar este otro ejercicio, es necesaria la ayuda de otra persona. Debe poner frente a usted una lámina, y observarla detenidamente por algunos minutos. Después, le pedirá a su ''ayudante'' que le haga preguntas relacionadas con la lámina, haciendo hincapié en los detalles más pequeños e insignificantes, pues esto le ayudará a mejorar la observación.

Al igual que la observación, la CONCENTRACIÓN puede ejercitarse. Ante todo, hay que aprender a concentrarse: pensar en una sola cosa, olvidando las restantes. Para comenzar, puede valerse de un objeto cualquiera. Mírelo con detenimiento, fijándose en los detalles más pequeños. Es posible que, al principio, otros pensamientos acudan a su mente. Si no los puede eliminar, no se esfuerce; descanse, cambie de actividad y empiece de nuevo más tarde. Verá cómo, poco a poco, se podrá ir aislando de todo aquello que lo circunda, y su pensamiento se concentrará en lo que está haciendo. Puede hacer lo mismo al leer. Busque un libro de su agrado y seleccione un párrafo que aparezca en él. Fíjese en cuánto puede leer atentamente sin que otros pensamientos lo invadan. La presencia de ideas ajenas a la lectura indica la necesidad de interrumpir el ejercicio para continuar más tarde. Se dará cuenta de que, lentamente, podrá concentrarse en la lectura, sin pensar más que en lo que está leyendo.

La concentración la puede practicar en cualquier momento del día.

Bastará con concentrarse en lo que está haciendo:

- Si va conduciendo su auto hacia su trabajo, olvídelo todo y piense solamente en el tráfico; esté atento a las señales de los semáforos.
- Cualquiera que sea su trabajo, hágalo poniendo su pensamiento en la ejecución del mismo. Aleje de su mente los problemas de la casa, los personales, etc.

Cuando se sienta capaz de lograr una buena concentración, sométase a esta prueba de fuego. Practique en un lugar donde haya ruido y tránsito de personas. Se sabe que éstos rompen la concentración, pero usted mismo debe convencèrse de ello. Siéntese en el banco de una parada de ómnibus, en la sala de espera de un aeropuerto, o en una terminal de transporte por carretera, y comience a leer. Se dará cuenta de cómo se rompe la concentración por algún ruido o por alguien que se le siente al lado.

Observe esta ilustración detenidamente por unos minutos. Trate de recordar la mayor cantidad de detalles posible. Después, le pedirá a su "ayudante" que le haga preguntas relacionadas con la lámina, haciendo hincapié en los detalles más pequeños e insignificantes. Este ejercicio le ayudará a determinar sus deficiencias y le servirá como práctica para mejorar la observación.

No se preocupe. Esto solamente indica que necesita esforzarse más para lograr aislarse del todo y concentrarse en lo que está leyendo. Llegará el momento en que ningún ruido lo moleste ni lo distraiga, y, entonces, la CONCENTRACIÓN al leer le ayudará a recordar perfectamente la lectura. Esta ejercitación es válida en cualquier actividad: al trabajar, al jugar, al estudiar... La consigna es: "Una sola cosa cada vez". Recuerde que, "quien mucho abarca, poco aprieta". Lograr pensar en una sola cosa, mejora la concentración y, por lo tanto, proporciona mejores y más nítidos recuerdos.

APRENDA A RECORDAR Y A ESCUCHAR A LAS PERSONAS

En el mundo actual, las relaciones humanas, tanto las de trabajo, las de negocio o las simplemente sociales, son básicas. A diario se conocen nuevas personas, con las que, de una forma o de otra, hay que comunicarse. La sensación de "despiste" es negativa en el desarrollo de esas relaciones. Imagine que usted va a la consulta de su doctor, en quien tiene depositada toda su confianza, y él no lo reconoce; necesita leer y releer su historia clínica, para situarse en su caso. A la larga, cambiará de doctor, pues usted siente que sólo es un objeto para su médico. ¡Qué diferente si, al ir a la consulta, él lo saluda, lo llama por su nombre, le pregunta por alguien conocido o por su familia! Usted se siente que es algo más que un paciente.

Se ha convertido en una necesidad el que seamos capaces de recordar a las personas que conocemos en el transcurso de nuestra vida. Pero, ¿cómo recordar a tantos? Con un poco de interés y con la ayuda de la observación atenta, todo caminará sobre ruedas. Haga la prueba la próxima vez que le presenten a alguien. No se limite a mirar, pues así no recordará nada. Observe a la persona con detenimiento mientras conversa con ella. ¿De qué color es el pelo? ¿Cómo lo tiene: lacio o rizado? ¿De qué color tiene los ojos? ¿Usa espejuelos? Trate de fijar en su mente el conjunto del rostro, las proporciones de la boca, de la nariz y de las orejas. Preste atención a la ropa que usa, a los colores de ésta. Fíjese en los modales. Mientras más detalles observe, más fácil va a recordar a la persona, con más espontaneidad. Tenga presente que los recuerdos son como los nudos de una red de pescar: cada nudo representa un detalle, y todos los nudos se conectan unos con otros. Un solo nudo (parte), le hará recordar el conjunto.

Puede empezar a practicar con personas ya conocidas o cercanas a usted. Escoja a cualquiera de ellas para este ejercicio. Pregúntese cómo

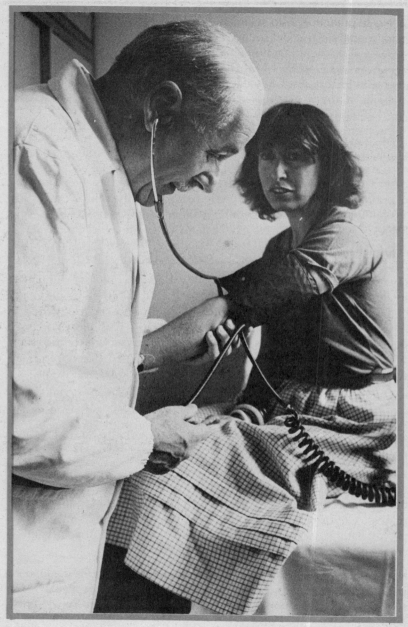

Qué agradable es que, al ir a la consulta del médico, éste lo reconozca, se acuerde de su nombre y hasta le pregunte por alguien conocido o por algún miembro de su familia.

es, cómo se viste, cómo se comporta, cuál es su metal de voz, qué rasgo la hace diferente de los demás. Es posible que recuerde más de lo que imaginaba. Si ocurre así, no se desanime. Tan pronto se tropiece de nuevo con esa persona, obsérvela con mayor detenimiento, tratando de descubrir los rasgos que no recordaba bien. Al observarla, evite pensar en otras cosas; concéntrese en lo que hace. La observación y la concentración se complementan.

Además de reconocer el rostro de alguien y su nombre (este tema será ampliado más adelante), es útil, en las relaciones interpersonales, recordar quién es cada uno. Es bueno tener presente qué hace, a qué se dedica, cuál es su profesión u oficio, cuáles son sus intereses, qué deporte practica, qué música prefiere, cómo es su familia, cuáles son sus preocupaciones. Estos detalles no se memorizan observando, sino ESCUCHANDO.

Escuchar, aprender a escuchar, saber escuchar, es imprescindible para recordar las características de alguien. No basta oír, hay que fijar lo que se oye, poner atención e interés a lo que se está hablando. Realmente, cuando no se recuerda de qué se habló en determinada conversación, es que hubo falta de atención en el transcurso de la misma. No siempre es fácil; en algunos casos, hay que esforzarse, pues no siempre es ameno conversar con otros, sobre todo cuando tropezamos con esa clase de personas descritas en este refrán: "tan aburridas, que hasta sus tumbas bostezan cuando las ven llegar".

Muchos individuos no escuchan, porque están pensando en lo que quieren o en lo que van a decir, sin interesarles lo que les están contando; o porque simplemente están pensando qué van a hacer más tarde o adónde van a ir el fin de semana. Para recordar lo que se oye, hay que prestarle atención e interés a la persona que habla. **Saber escuchar es todo un arte**, que lo ayudará a memorizar el tema de que se conversa. Mejore su forma de escuchar, practicando en la casa, en el trabajo o cuando le presenten a alguien. Sólo necesita proponérselo. Al principio, otros pensamientos acudirán a su mente; pero no se preocupe, es natural; con tranquilidad, aléjelos, y trate de concentrar su atención en la persona que le está hablando.

Cuando esté solo, trate de recordar de qué le habló una persona en particular, o qué dijeron en la reunión del trabajo o de la escuela de sus hijos. Cualquier ocasión es buena para practicar y recordar lo que se comenta. Es preferible, en los comienzos, partir de hechos comentados con amigos, pues si hace un recuento y se da cuenta de que ha olvidado

Cuando esté solo, ejercite su memoria. Trate de recordar de qué le habló una persona en particular, o qué le dijeron en la reunión de trabajo o de la escuela de sus hijos.

algunos detalles, puede de nuevo hablar con ellos sobre el tópico que no recordó y llenar los vacíos. La mejor forma de avanzar en este aprendizaje consiste en darse cuenta de los fallos, para poder superarlos, y verá que en poco tiempo habrá adquirido el hábito de escuchar con atención.

Es muy posible que, a fuerza de escuchar, llegue a hacer suyo este pensamiento de Helder Câmara:

> "No te irrites
> si el que te busca,
> si el que quiere hablar contigo
> no consigue expresar
> el tumulto que lleva dentro...
>
> Más importante
> que escuchar palabras,
> es adivinar angustias,
> sondear misterios,
> ESCUCHAR EL SILENCIO..."

Desde luego, no pretendemos que usted aprenda a escuchar el silencio. Deseamos, primero, que aprenda a escuchar, para que después pueda aprender escuchando. Parece un simple juego de palabras, pero no es así. No se puede aprender lo que se está oyendo, si no se sabe oír. A diario se presentan infinidad de situaciones en que las personas tienen que aprender lo que les están diciendo. Cuando en su trabajo le orientan que haga algo determinado, alguna labor específica, totalmente nueva, tiene que estar seguro de haber comprendido e interpretado bien lo que le pidieron.

Semejante problemática se le presenta si lo van a entrenar para un nuevo puesto de trabajo. El entrenador no se percatará de que usted ignora muchas cosas, y le explicará, a grandes rasgos, la forma de realizar la labor. Por lo tanto, usted tiene que estar con los oídos bien abiertos, ATENTO, para no perder ni un solo detalle. La atención y la concentración en lo que está escuchando, le ayudarán a aprender a escuchar.

Quizás la forma más común de aprender escuchando sea cuando se va a una conferencia. El conferencista no es el profesor que detiene la explicación para regresar al punto en que el alumnado, o un alumno, dejó de comprender. Aquél continúa con su disertación; ésa es su función. No es lo mismo oír una novela por la radio, que oír la explicación de un tópico complicado. Hay que estar entrenado para seguir el hilo de lo que está escuchando.

Y en este punto de su lectura, usted se estará preguntando: *¿qué tal escucho yo?* ¿Le interesa saberlo? Pues bien, seleccione un programa de radio y grábelo en un casete, según lo oye. Trate de concentrarse lo mejor posible, aumentando la atención. Para esto, no hace falta que oiga el programa completo: bastarán unos cinco minutos. Apague la radio y la grabadora. Seguidamente, escriba todo lo que recuerde. Sea lo más explícito que pueda. Después, oiga la grabación y compárela con lo que ha escrito. Anote todos los detalles que olvidó, y evalúese usted mismo.

Con este sencillo método, no sólo puede determinar cuánto puede recordar de lo que oye (muchos se sorprenderán de los resultados), sino que puede utilizarlo como ejercicio práctico para aprender a escuchar. Una vez entrenado, le servirá para aprender MIENTRAS escucha, es decir, para aprender escuchando.

Uno de los primeros pasos para mejorar la memoria es aprender a escuchar. Debe concentrarse enteramente en lo que le dice la persona con la que habla, pues no puede aprender ni retener lo que no ha oído bien.

La mayoría de los estudiantes dedican largas horas al estudio, para lograr memorizar la materia que los ocupa. En muchas ocasiones, el esfuerzo y el tiempo empleado no son proporcionales a los resultados obtenidos, y de esto se dan cuenta a la hora del examen. Se preguntan: "¿Cómo es posible que no lo recuerde bien, si estuve tanto tiempo estudiando"? La memoria vuelve a ser la culpable del fallo. Pero, realmente, no es la memoria la que falla, sino el método, la técnica que se emplea al estudiar. Mejorando el método de estudio, disminuye el esfuerzo y, por lo tanto, el agotamiento; además, el estudiante está más preparado para examinarse, y recuerda más y con mayor facilidad. Cuando hablamos del estudiante, no sólo nos referimos al que asiste regularmente a un centro docente, sino a todas aquellas personas que son autodidactas o que desean sacar mayor provecho de sus lecturas.

La labor de estudiar sólo puede ser realizada por el estudiante; ningún individuo la puede hacer por otro: es una acción personal. El profesor allana el camino; el alumno lo recorre. Como dice Khalil Gibrán, en su obra **El Profeta,** al hablar sobre la enseñanza:

"El pedagogo que camina a la sombra del templo,
en medio de sus discípulos, no les ofrece su sabiduría,
sino, más bien, su fe y su afecto. Si él es sabio de verdad,
no os pedirá que entréis en la casa de su sabiduría,
sino que os guiará..."

Durante las horas de estudio, el individuo lee y vuelve a leer la materia; y aunque la repetición, en cierto grado, ayuda a memorizar, no es suficiente, ya que no tiene ninguna lógica intentar memorizar las cosas sin entender lo que se memoriza. Esto lo hacen los loros, capaces de repetir lo que oyen, pero ignoran el significado de lo que dicen. La persona que estudia no se debe conformar con repetir de carretilla o recitar de memoria un texto; necesita, ante todo, comprenderlo.

Para estudiar profundamente, lo mismo que para leer, hay que entender lo que se estudia, lo que se lee. Únicamente, después que se razone la materia de estudio —llamémosla INFORMACIÓN, para adaptarla al proceso que nos dedicamos—, ésta podrá almacenarse correctamente en la memoria a largo plazo, de modo que más tarde se le pueda recordar con facilidad. La concentración, durante el tiempo de estudio, es la clave que facilita la comprensión de la materia y su memorización, la llave que abre las puertas de ese almacén llamado **Memoria.** Estudiar eficientemente no es más que memorizar lo estudiado en forma clara y precisa. Sólo se almacena lo que ha sido comprendido; esto nos indica cuál es la pauta que debemos seguir en el estudio y la lectura:

a) Comprobar la comprensión de lo estudiado.
b) Mejorar los métodos de estudio.
c) Medir la capacidad para recordar.

¿Cómo puede Ud. lograr todo esto? De la forma más sencilla. Según va estudiando o leyendo, hágase preguntas relacionadas con el tema que lee, y fíjese si puede responderlas. Las respuestas positivas se logran cuando la persona es capaz de concentrarse en lo que está haciendo, evitando otros pensamientos o ideas que lo distraigan, y que entorpezcan, de esa forma, el proceso memorístico.

Para estudiar y memorizar correctamente, hay que entender bien lo que se lee. Una vez que se ha razonado la información, ésta podrá ser almacenada más fácilmente en la memoria a largo plazo.

Ante todo, es primordial formarse una impresión de conjunto de lo que se esté leyendo, ya sea un libro de texto, un artículo de una revista o periódico, una novela, etc. Cuando se trata de artículos y lecturas cortas, es mucho más fácil obtener esa visión global, dada la brevedad de éstos; pero se puede lograr también en los casos de libros de texto o de volúmenes extensos. Un recurso útil, y muy usado por infinidad de lectores, consiste en SUBRAYAR o marcar aquellas oraciones o frases que van apareciendo en los distintos párrafos, que sintetizan la intención del escritor y resumen los temas principales de la exposición. Esto ayuda, en gran medida, a descubrir el núcleo o esencia del tema leído, y nos permite ver cómo el autor enfocó el tema, con qué lo relacionó y, sobre todo, cuál es el mensaje o conocimiento que pretende trasmitir.

Una vez que haya leído varios párrafos, detenga la lectura. Fije su atención en las frases subrayadas, que le indican los temas principales, y trate de unirlas para ver si tienen sentido. Cada frase, con respecto a la anterior, debe servir para desarrollar las ideas o ampliarlas. Ya que las imágenes ayudan a recordar, relacionemos lo que estamos exponiendo con un árbol. El tronco es el núcleo del libro, y se desarrolla a través de sus ramas. Algunas de éstas crecen longitudinalmente (continúan la idea); otras, en cambio, crecen hacia los lados de las ramas centrales (amplían, complementan la idea).

Si advierte que algunas de las frases subrayadas como puntos principales no tienen sentido, vuelva a leer los párrafos, y pregúntese una y otra vez, para lograr comprenderlos y detectar si no tuvo en cuenta otras ideas que también son importantes. Con este método, usted puede lograr una impresión de conjunto, global, del tema tratado en el libro. Será capaz de decir a sus amigos: "Estoy leyendo un libro que trata de...", y, con pocas frases, trasmitir la esencia del contenido del mismo.

Al principio, siempre tropezará con dificultades. No se alarme, si tiene que volver atrás y releer párrafos. Hágalo y pregúntese de nuevo, para comprobar si lo entiende mejor. Las respuestas positivas no sólo le indicarán que entendió la lectura, sino también que las ideas quedaron bien almacenadas en la memoria y, por lo tanto, que serán fáciles de recordar.

Este sencillo sistema (o método), basado en preguntas relacionadas con la lectura, le servirá como entrenamiento para facilitar la comprensión y la memorización de escritos cortos, y también para averiguar el propósito fundamental de un libro cuando no pueda entregarse a una lectura profunda.

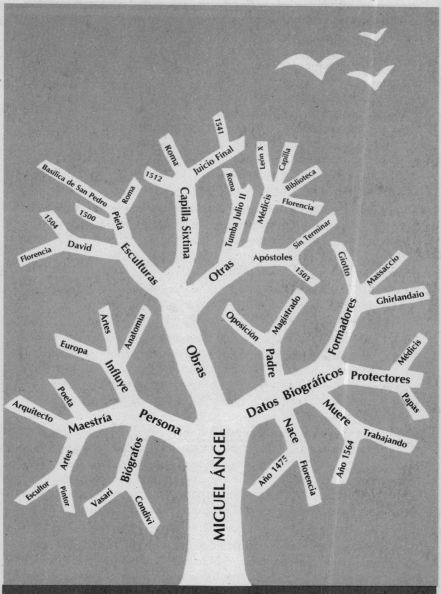

Para comprender y recordar mejor lo que leemos, relacionémoslo con un árbol. El tronco es el núcleo, o sea, la idea principal, y se desarrolla a través de sus ramas. Algunas de éstas crecen longitudinalmente (continúan la idea); otras, en cambio, crecen hacia los lados de las ramas centrales (amplían, complementan la idea).

Si al hacerse preguntas mientras lee o estudia, no se las puede contestar, es muy posible que la causa sea la falta de concentración. El interés y la motivación están de su parte, pero, simultáneamente, debe procurar alejar de su mente cualquier pensamiento ajeno a la lectura. En estos casos, resulta de gran ayuda leer por partes, en vez de continuar hasta el final. Lea solamente 2 ó 3 párrafos; hágase preguntas y compruebe que entendió lo que se exponía en ellos. Si no ha entendido, repita la lectura. Una vez comprendido el sentido de pocos párrafos, y almacenadas en la memoria las ideas principales, continúe de esta forma: no lea más de tres párrafos; hágase preguntas, y sólo avance cuando esté seguro de haberlos comprendido. De este modo, evitará perderse en la lectura, pues es bastante común pensar en otras cosas mientras se lee, por falta de concentración. Si éste es su problema, no se atormente: siempre es posible regresar y releer lo que no se entendió a causa de la distracción.

De vez en cuando, tenemos que leer libros que no son ni gratos ni amenos. Unas veces el tema es aburrido; otras, el estilo del escritor nos aburre, o simplemente preferimos, en ese momento, hacer otra cosa. Sólo el interés, impuesto o real, vence estas dificultades. Se va a sorprender cuando, en casos como éstos, se dé cuenta de que, al superar la etapa de indiferencia, de momento queda atrapado por la lectura, pues su interés y su motivación han entrado en acción.

REFLEXIONE: ¿CUÁL ES EL TEMA CENTRAL?

Con frecuencia, otras personas pueden estar estudiando o leyendo el mismo libro que usted, bien porque se trate de compañeros de estudio o porque haya salido al mercado alguna obra que ha causado furor. Casi siempre sucede con la lectura de un artículo aparecido en la prensa. Puede aprovechar estas circunstancias para que otras personas le hagan preguntas y para comprobar cuánto pudo captar y memorizar en su lectura.

El máximo de rendimiento lo alcanzará REFLEXIONANDO sobre los temas principales expuestos en el libro que ha leído. A través de la reflexión, que consiste en pensar sobre un mismo tema desde distintos puntos de vista, podrá determinar cuál es el punto de vista del autor, qué factores lo indujeron a exponer y mantener un criterio determinado, cuáles fueron sus argumentos y qué aspectos o hechos utilizó para respaldarlos. Seguidamente, haga un análisis o estudio paralelo de lo que piensa ese escritor y de lo que piensan otros autores sobre el mismo tema, en caso de que haya leído otras obras, o compárelo con sus propios criterios y opiniones.

Con este método va a llegar mucho más lejos. No sólo va a recordar una serie de hechos, acontecimientos o conceptos, sino que los hará suyos si son compatibles con su forma de pensar; conocerá y recordará cuál es la opinión o teoría que determinado autor tiene sobre un tema específico. Esta mayor comprensión del tema, que se adquiere profundizando, analizando y comparando, lo ayudará a consolidar sus conocimientos, y a disponer y recordar los argumentos en que se apoyan sus opiniones. Podrá exponer sus puntos de vista y defenderlos frente a otros divergentes, sin verse en la molesta situación de decir: ''Bueno, yo pienso de esta forma y ya está, no tengo por qué dar explicaciones'', por no recordar hechos concretos con los cuales apoyar sus criterios.

Para avanzar en este último método, que consiste en recordar lo que se lee, puede comenzar leyendo dos biografías sobre un mismo personaje, escritas por diferentes autores. Averigüe desde qué ángulo ve al personaje cada escritor; compare las opiniones y determine cuál es, a su juicio, la más adecuada.

IMAGEN Y MEMORIA

Entre los tantos recursos que ayudan a memorizar, hay uno que, por sus características, favorece grandemente la fijación de los recuerdos: la VISUALIZACIÓN. Todos sabemos que recordamos con mayor facilidad los objetos que los conceptos. Las personas aficionadas a las novelas, durante la lectura, van forjando en su mente las imágenes de los personajes descritos, de tal forma que, para ellos, esos personajes cobran vida: aman, sufren, odian, etc. Las escenas las ven tan reales como si las estuvieran presenciando. Es fácil comprobarlo en aquellos que están leyendo novelas de misterio: se meten tanto en la trama, que un pequeño ruido los hace brincar del susto. La representación pictórica, en la mente, de lo que se lee, ayuda a lograr su fijación y a que se recuerde espontáneamente. El lector puede narrar la novela con lujo de detalles, porque, mientras leía, estaba imaginando, visualizando, lo que ocurría en ella.

El conocimiento de este fenómeno sicológico ha determinado que se utilice la visualización como técnica para memorizar. Es muy útil emplearla cuando se necesita fijar conceptos abstractos, o cuando se

Las personas aficionadas a las novelas, durante la lectura, van forjando en su mente las imágenes de los personajes descritos, de tal forma que, para ellos, esos personajes cobran vida. Las escenas las ven tan reales como si las estuvieran presenciando.

están leyendo artículos técnicos y libros de texto. Las palabras que representan ideas pueden ser sustituidas por objetos, ya que las imágenes de éstos se graban en la memoria más fácilmente que un grupo de letras. En el siguiente capítulo nos referiremos a la visualización como método para recordar listas de palabras.

¿Cómo podemos desarrollar la visualización? Las siguientes reglas son válidas tanto para reforzar la fijación de las imágenes de objetos reales, como para ayudar a la memorización de conceptos o palabras abstractas:

a) Trate de visualizar los objetos en forma clara y sencilla, fijando su atención solamente en los rasgos importantes, sin tener en cuenta los secundarios.

b) Imagine los objetos mayores de lo que realmente son. Si quiere recordar una casa con tejas rojas, visualice las tejas bien grandes, como si fueran el sombrero de la casa. Está comprobado que los objetos grandes se recuerdan mejor.

c) Convierta los conceptos abstractos (o las palabras) en objetos. Esto es útil para estudiar el vocabulario. Por ejemplo, si quiere recordar lo que es la **pobreza**, imagine una persona vestida pobremente, viviendo en una casa humilde. El **amor** se puede imaginar como un corazón atravesado por la flecha de Cupido, o como una pareja de novios besándose. Otros ejemplos:

puntualidad	reloj
devoción, fe	iglesia
paz	paloma
alegría	persona que ríe
tristeza	persona que llora
fuerza	atleta
velocidad	auto de carrera
justicia	báscula

Para poder recordar los conceptos abstractos, éstos deben convertirse en objetos. Por ejemplo, si queremos memorizar el concepto "fuerza", podemos asociarlo con un atleta del calibre de Arnold Schwarzenegger, quien instantáneamente nos hará pensar en esta palabra.

ch) Déle color y movimiento a las imágenes. Un ramo de rosas amarillas y rosadas se recuerda mejor que un simple ramo de rosas. Lo mismo ayuda el movimiento. Se recuerda mejor a un niño que juega a la pelota o a un perrito lanudo que salta.

d) Siempre que le sea posible, emplee todos los sentidos. Piense en:

—el **olor** de las rosas,
—la **voz** del niño,
—la **suavidad** de la piel del perrito.

El olfato, el oído y el tacto ayudan a recordar las imágenes creadas o reales.

e) Otra forma que ayuda a visualizar consiste en ver las cosas:

—sin proporción: un gigante frente a una casa;
—con sentido del humor: un payaso cargando a la persona cuya cara quiere recordar.

Para recordar mejor debe utilizar todos sus sentidos. Por ejemplo, fíjese en el color y la textura de las rosas, su aroma y la suavidad de sus pétalos.

No todas las personas utilizan las mismas técnicas para recordar. Muchas consideran muy útil tener un cuaderno donde puedan escribir notas sobre el libro que están leyendo o la conferencia que escucharon, las cuales pueden ser extensas, de modo que se conviertan en resúmenes. Este método de tomar notas es indispensable cuando se leen libros pertenecientes a una biblioteca, que deben devolverse al cabo de pocos días. Pasado algún tiempo, no estamos seguros de recordar un dato o una información con claridad, pero podemos acudir a nuestra libreta de notas.

Con las notas o resúmenes, Ud. puede comprobar si ha comprendido las ideas centrales de la lectura. Suponga que está leyendo un libro de Historia, donde se explica una guerra entre dos países. Preguntas como las siguientes pueden contestarse con la ayuda de las notas: *¿Qué hechos fueron creando la enemistad entre los países? ¿Qué causa directa provocó la declaración de la guerra? ¿Quiénes tomaron la decisión? ¿Qué consecuencia trajo?,* etc. Si las notas no le sirven para hallar las respuestas a esas preguntas, vuelva a leer los párrafos donde pueda encontrar esa información y anótela en el cuaderno.

Tomar notas también tiene otras ventajas. Pasadas varias semanas, el lector, o el estudiante, puede comprobar su capacidad para recordar. Sólo tendrá que comparar lo que recuerda de determinada lectura, con las notas que tiene escritas. Al establecer estas comparaciones, no sólo podrá medir su capacidad para recordar, sino que podrá determinar si necesita insistir de nuevo en esa lectura. Este método también le ayuda cuando necesita repasar lo aprendido, sin tener que acudir al texto original, utilizando las notas o resúmenes escritos con sus propias palabras, más fácil de entender y, por lo tanto, empleando menos tiempo.

En resumen, para leer o estudiar y memorizar eficientemente, deben tenerse en cuenta las siguientes técnicas:

- Subrayar o marcar las ideas principales.
- Leer pocos párrafos cada vez.
- Concentrarse en la lectura.
- Comprobar la comprensión a través de preguntas.
- Reflexionar sobre las ideas principales.
- Establecer comparaciones.
- Visualizar los hechos o acontecimientos.
- Tomar notas y hacer resúmenes.

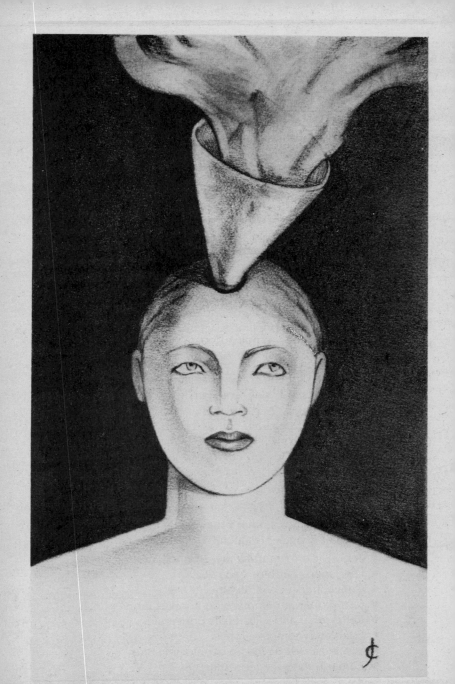

CAPÍTULO VI

LOS SISTEMAS

MNEMOTÉCNICOS

LOS SISTEMAS MNEMOTÉCNICOS: CONCEPTO Y ORIGEN

El término **mnemotécnico,** empleado para referirnos a los sistemas o técnicas que se usan para ayudar a memorizar, es un vocablo compuesto por dos elementos:

MNEMO + TÉCNICO

¿De dónde procede la raíz **mnemo**? En la mitología griega, existían dioses y diosas para todo: la guerra, el mar, la belleza, la sabiduría, el amor… Desde luego, no podía faltar la **diosa de la memoria:** MNEMOSINA, a la cual invocaban los griegos cuando querían recordar, o no olvidar, algo importante. Del nombre de esta deidad, proviene la raíz **mnemo**, asociada a la MEMORIA. Ésta es la razón por la que los sistemas o métodos utilizados para ayudar a recordar, toman este nombre: **mnemotécnicos**, o sea, el conjunto de técnicas empleadas para ayudar a la memoria.

Todos estos métodos no son más que recursos para pasar a la memoria la información que se quiere almacenar, de tal forma que sea fácil recordarla después. A los niños pequeños, cuando empiezan a comer, se les da los alimentos en forma de puré, para facilitarles la digestión. Esto es lo que hacen los sistemas mnemotécnicos: suministran la información como si fuera un puré, para que la memoria la digiera mejor, o sea, para que almacene sin dificultad.

A los niños pequeños se les da el alimento en forma de puré, para facilitarles la digestión. Los sistemas mnemotécnicos funcionan de igual manera: suministran la información como si fuera un puré, para que la memoria la asimile mejor.

El origen de estos sistemas se remonta a la antigua Grecia. Cuenta la Historia que, alrededor del año 500 antes de Cristo, el célebre poeta Simónides asistió a un banquete para recitar unos versos. Breves momentos después de su participación, el salón se derrumbó, causándoles la muerte a todos los comensales. Los cadáveres tenían los rostros tan heridos que era imposible reconocerlos. Simónides, recordando el LUGAR donde estaban sentados los asistentes al banquete, los pudo identificar. Estableció la relación persona-lugar... Según iban quitando los escombros y rescatando los cadáveres, por el lugar donde éstos se hallaban, el poeta podía identificar quién era cada uno.

FUNDAMENTOS

Mientras Simónides recitaba, había observado a cada uno de los comensales, y en su memoria quedaron grabadas las imágenes de todos ellos, así como el lugar donde estaban sentados. Después del derrumbe, sólo tenía a su disposición un cadáver y un lugar. Al recordar el lugar, también recordaba al que estaba sentado ahí; por eso, pudo reconocerlos a todos. Los sistemas o métodos mnemotécnicos se fundamentan en la asociación o relación que se establezca entre cosas, lugares, nombres, conceptos, etc., de modo que, al pensar en uno de los dos, se recuerde el otro sin esfuerzo, espontáneamente. Estos métodos han sido empleados desde entonces, a lo largo de toda la Historia, y en la actualidad se perfeccionan a través de la creación de otros que se adapten a todas las necesidades.

Veamos este ejemplo: los hijos de Juan tienen una pecera con raros y hermosos peces, a los que cuidan como un tesoro. Se van de vacaciones a casa de los abuelos, que viven en otro estado o provincia. Por tal motivo, le han encargado a Juan que se ocupe todos los días de echarles el alimento a los peces, quien nunca ha realizado esta tarea ni es muy aficionado a los peces. Juan teme que se le olvide hacerlo y que los peces mueran por falta de alimento. Pensó primero dejar una nota escrita, para recordar la alimentación de los peces, pero ¿qué garantía hay de que va a leer la nota? Ideó, después, dejar algún objeto fuera de lugar, de modo que tropezara necesariamente con él; así que decidió colgar su capa de agua en la puerta del armario donde guarda su ropa. De esta forma, cuando fuera a vestirse, siempre vería colgada la capa de agua en la puerta. Al verla, se preguntaría: ''¿Qué hace esto aquí?'' Entonces, recordaría el alimento de los peces.

Cualquier ayuda de este tipo funciona, es decir, dejar algo fuera de lugar, de modo que, al tropezar con el objeto, se pregunte: "¿Qué hace esto aquí?", lo cual le hará recordar lo que tiene que hacer. Sin embargo, los métodos más usados se basan en recursos mentales mediante los cuales se asocia lo que hay que recordar con alguna imagen o idea. Supongamos que, al salir del trabajo, nos hace falta pasar por la oficina de correos para comprar sellos. Podemos imaginar que el carro está cubierto de sellos, que le han pegado sellos por todas partes: en los cristales, en las gomas, en las puertas, dondequiera. También podemos imaginar que en el llavero se han enganchado varios sobres de cartas. En el momento de coger las llaves para abrir el carro, recordaremos que tenemos que pasar a comprar sellos; o, cuando ya estamos frente al carro, haber visto mentalmente el carro cubierto de sellos, nos ayudará a recordar que tenemos que ir a la oficina de correos.

Hay otro ejemplo que nos puede ayudar a comprender mejor cómo funcionan estos métodos. Suponga que tiene que llamar por teléfono a su dentista para pedirle una cita, pero que van pasando los días y siempre se le olvida hacerlo... Decide, entonces, imaginar que cada botón (del teléfono) que se usa para marcar el número, tiene la forma de un diente o de un molar, estableciendo esta relación:

botón de marcar .... diente o molar.
teléfono .... dentista.

Cuando esté en su trabajo, cada vez que conteste el teléfono, o haga alguna llamada por asuntos laborales, el ver los botones le traerá a la mente los dientes o los molares, y recordará que tiene que llamar a la oficina del dentista para pedir una cita. Vamos a referirnos detenidamente a cada método, de modo que usted pueda emplear el que más le guste o el que mejor se adapte a sus necesidades.

1) Método basado en la relación

Éste es uno de los métodos más usados cuando se quiere recordar una serie de palabras o cosas por hacer. Lo emplean mucho los conferencistas, al confeccionar una pequeña lista con los tópicos sobre los cuales van a disertar. También se usa cuando es preciso realizar varias diligencias.

El método es muy sencillo. Una vez que tenga la lista confeccionada, bastará relacionar el primer nombre de la lista con el segundo; después, el segundo con el tercero, y así sucesivamente, hasta llegar al final. Esto se hace para que un recuerdo traiga al otro, como quien dice, enganchado. La imaginación y la visualización son fundamentales en este método (puede repasar la sección sobre Imagen y Memoria, en el capítulo anterior, del que podrá tomar algunas ideas que le ayudarán a crear las imágenes y a visualizar las cosas). A modo de ejemplo, supongamos que es necesario recordar la siguiente lista de palabras:

LEÓN
DISCOTECA
VINO
CAMISA
PELOTERO
FELICIDAD
QUESO
AVIÓN

Siempre es aconsejable estar lo más relajado posible, sentado en un asiento cómodo; puede realizar el ejercicio de relajación que sugerimos en capítulos anteriores.

La primera palabra que tenemos que recordar es **león**. Imagine un león grande, mucho más grande de lo que es realmente, de un color claro y de melena bien brillosa. Ahora es necesario relacionar la palabra **león** con el vocablo **discoteca**. Piense que el león entra en una discoteca llena de jóvenes, que se horrorizan al verlo. Una vez lograda esta imagen, deje de pensar en ella y proceda a relacionar la discoteca con la siguiente palabra: **vino**. Imagine que todas las personas de la discoteca están bebiendo vino en grandes jarras de cristal transparente, y que, de pronto, las vierten sobre sus ropas. Pasamos a relacionar **vino** con la palabra que le sigue: **camisa**. Imagine que está lavando una camisa en una tina llena de vino, y que éste hace tanta espuma como los detergentes, por lo cual la camisa queda limpia. No piense más en esta imagen, y pase a relacionar **camisa** con la palabra que le sigue en la lista: **pelotero**. Imagine una camisa muy grande, de pelotero, que tiene pintada en la espalda el número del pelotero y el nombre del equipo. Las próximas palabras por relacionar son **pelotero** y **felicidad**. Imagine un muchacho gritando de alegría, lleno de felicidad, al ver a su pelotero preferido bateando la pelota y llevándose la cerca. La siguiente pareja será **felicidad** y **queso**. Imagine a una persona muy feliz comiéndose una cuña de queso amarillo. Ya sólo le faltan por relacionar **queso** y **avión**. Va a ser muy sencillo. Hágase la idea de que está en el aeropuerto, viendo cómo cargan un avión con grandes cajas de queso para exportar.

Según va creando las imágenes, debe tratar de retenerlas en su mente, haciendo que ésta funcione como una cámara fotográfica. O sea, cada vez que tiene una imagen en la que relacione dos cosas, ''tire una foto'' y ''archívela'', (por ejemplo, la ''foto'' en que aparece el león entrando en la discoteca, la ''foto'' de la camisa en una tina de vino). Una vez que ''haya tirado la foto'', deje de pensar en esa imagen y pase a la siguiente. Es muy importante que las relaciones sean bien sencillas y, al mismo tiempo, desmesuradas, absurdas. Después de esto, piense en las palabras de la lista y en el orden en que aparecen. Casi siempre que se rompe la relación entre dos palabras es porque la imagen no fue lo suficientemente clara desde el principio, o tal vez resultó demasiado complicada.

Este método funciona muy bien cuando se trata de listas pequeñas. Veamos una situación en que puede aplicarse. Usted está en el trabajo y

Según va creando las imágenes, debe tratar de retenerlas en su mente. O sea, cada vez que tiene una imagen, "tire una foto" y "archívela", (por ejemplo, la "foto" en que aparece el león entrando en la discoteca, la "foto" de la persona feliz comiendo queso).

se acuerda de que tiene que pasar por el supermercado a comprar algunos artículos, por ejemplo:

PAN
HUEVOS
TOMATES
ARROZ
PESCADO

Primeramente, piense en una rebanada de **pan**, tan grande, que han puesto sobre ella varios **huevos** fritos. Pase ahora a la segunda pareja: **huevo-tomate.** Puede imaginarse una gallina encima de una caja de tomates, poniendo un huevo. Deje de pensar en esta imagen y pase a la siguiente: **tomate-arroz.** Puede imaginar una fuente del tamaño de la mesa, llena de arroz, sobre la cual se han colocado ruedas de tomates maduros. Para relacionar **arroz** y **pescado**, imagine que están vaciando un saco de arroz en una pecera.

2) Método basado en relacionar lugares

En el método anterior, relacionábamos objetos con ideas o con imágenes creadas para facilitar la memorización. En este método, vamos a recordar una lista de cosas, pero relacionándolas con sitios previamente seleccionados. Los lugares ayudan a recordar —Simónides pudo identificar los cadáveres de las personas que asistieron al banquete, estableciendo relaciones con los sitios donde éstas se encontraban. Ante todo, es necesario hacer una lista-patrón de objetos de nuestra casa, que siempre va a ser la misma, y que puede estar formada por los muebles más importantes de la casa. Los vocablos de esa lista van a servir de palabras auxiliares, para ayudar a la memorización.

La lista de palabras auxiliares puede ser la siguiente:

TELEVISOR	SOFÁ	BUTACA	LIBRERO
SILLÓN	MESA	CAMA	SILLA

Si queremos recordar una lista de cosas, sólo tenemos que relacionar cada objeto con las palabras auxiliares. Por ejemplo, vamos a utilizar la primera lista que empleamos para memorizar; así, relacionaremos:

león con televisor,
discoteca con sillón,
vino con sofá,
camisa con mesa,
pelotero con butaca,
felicidad con cama,
queso con librero,
avión con silla.

En este método mnemotécnico debemos seleccionar una lista-patrón de objetos, que siempre puede ser la misma, y que puede estar formada por los muebles principales de su casa.

Para recordar las palabras, repase mentalmente los muebles de su casa; imagine que camina entre ellos y rememore las relaciones. Puede suponer que está sentado, muy cómodo, mirando el TELEVISOR, y que, de pronto, aparece en la pantalla un LEÓN que se va acercando cada vez más a usted, hasta que sale por la pantalla. Después, visualice una DISCOTECA donde las personas estén bailando sentadas en SILLO-NES. Para la siguiente relación, imagine una copa de VINO derramada sobre el SOFÁ. Deje de pensar en esta pareja de palabras y concéntrese, para imaginar una CAMISA que tiene pintada, en la espalda, una MESA de colores llamativos y con las patas muy largas. Seguidamente piense en un PELOTERO que batea la pelota sentado en una BUTACA. Después evoque a un bebito que sonríe de FELICIDAD, acostadito en su CAMA. Visualice ahora un LIBRERO, donde se han colocado, en vez de libros, cuñas de QUESO, y finalmente piense en un AVIÓN tan pequeño que aterriza en una SILLA.

3) Método basado en el alfabeto

Este método se basa en 29 palabras auxiliares, por lo cual permite recordar hasta 29 objetos. Usted mismo puede formar una lista de vocablos. Para ello, escribirá en orden todas las letras del abecedario, y al lado de cada una colocará una palabra que comience con la letra correspondiente. Siempre que le sea posible, emplee nombres de objetos o animales, con los cuales es más fácil lograr imágenes.

La siguiente lista le servirá de referencia:

a	= arpa	m	= monumento
b	= barco	n	= niño
c	= campana	ñ	= ñame
ch	= chimenea	o	= oreja
d	= dado	p	= papalote
e	= espada	q	= quelonio
f	= flauta	r	= relicario
g	= góndola	s	= submarino
h	= higo	t	= taza
i	= imán	u	= uva
j	= jazmín	v	= ventilador
k	= kilogramo	w	= whisky
l	= luna	x	= xenón
ll	= lluvia	y	= yuca
	z	= zafiro	

Como hemos dicho, se pueden recordar perfectamente hasta 29 cosas, ya sea en orden alfabético o en desorden. Lo único importante es que debe tener siempre presente cuál es la palabra auxiliar que le corresponde a cada letra del alfabeto. Si bien este método es una variante de los anteriores y le sirve para recordar grupos de palabras, trabajos por realizar o diligencias que hacer, lo podrá usar para recordar grupos de letras (siglas) que representen asociaciones, instituciones, compañías, etc. Digamos, por ejemplo, que usted quiere recordar este grupo de letras: UNESCO (Organización de las Naciones Unidas para la Educación, la Cultura y la Ciencia). Escogemos las palabras con las cuales vamos a establecer las relaciones, cada una de las cuales comienza con estas letras:

U = uva
N = niño
E = espada
S = submarino
C = campana
O = oreja.

Seguiremos el mismo procedimiento descrito en métodos anteriores. La primera pareja de palabras sería: **uva** y **niño**. Puede imaginar un viñedo donde se encuentre un NIÑO recogiendo grandes racimos de UVAS. Saque una "foto mental", para que retenga esta imagen. Después debe relacionar **niño** y **espada**. Es muy sencillo: imagine un NIÑO que está aprendiendo esgrima y tiene una ESPADA de plata en sus manos; "saque la foto" y guárdela. Pase a la siguiente pareja: **espada** y **submarino**. No se preocupe por esta pareja de palabras; tenga presente que las cosas insólitas y desmedidas son más fáciles de recordar. Imagine, pues, un SUBMARINO que, en vez de lanzar torpedos, lanza ESPADAS; ésta será la imagen que recordará: un submarino provisto de espadas; guarde esa "foto". Ahora hay que relacionar **submarino** y **campana**. Piense en un SUBMARINO que lleva en su cubierta una enorme CAMPANA, la cual utiliza para comunicarse con otros submarinos. La última relación será entre **campana** y **oreja**. Imagine a una persona tocando las CAMPANAS de la iglesia, tapándose, con la mano que le queda libre, una de las OREJAS para protegerse del ruido.

Es posible que, al principio, tenga dificultades para establecer las relaciones o asociaciones, pero según vaya practicando, irá ganando en experiencia y rapidez, y en poco tiempo verá cómo ha desarrollado su capacidad de memorización.

Cuando, pasado un tiempo, quiera recordar este grupo de letras o siglas: UNESCO, las imágenes serán memorizadas en cadena, tal como fueron grabadas. Por eso es importante establecer relaciones sencillas y llamativas. Recordará:

—Los racimos de uvas recogidos por el niño.
—El niño que practica con la espada.
—Las espadas lanzadas por el submarino.
—El submarino y su enorme campana.
—La campana de la iglesia y la oreja tapada.

Escoja usted mismo un grupo de varias palabras, para que establezca las asociaciones entre la primera y la segunda; después entre la segunda y la tercera, y así sucesivamente, hasta comprobar si recuerda todos los vocablos, en su orden. Según vaya practicando, le será más fácil hacer las asociaciones de imágenes y recordar todas las palabras.

4) Método basado en la rima de las palabras con los nombres de los números

Este método es uno de los más sencillos. Con él puede recordar hasta diez palabras o cosas, sigan o no un orden determinado. Para emplearlo, tiene que escoger 10 palabras auxiliares que rimen con las terminaciones de los nombres de los números del uno al diez. Puede formar su propia lista o utilizar la que presentamos:

1. Uno	=	BRUNO
2. Dos	=	ARROZ
3. Tres	=	RES
4. Cuatro	=	RETRATO
5. Cinco	=	BRINCO
6. Seis	=	REY
7. Siete	=	ARETE
8. Ocho	=	PINOCHO
9. Nueve	=	LLUEVE
10. Diez	=	PIES

Las terminaciones de estos diez vocablos riman con las de los nombres de los números. Esas "palabras auxiliares" son la base de este método en la memoria. Aquí no se relaciona la primera con la segunda, la segunda con la tercera, etc., sino cada una de las palabras que deben recordarse con cada una de las auxiliares. Supongamos que se quiere recordar la misma lista que empleamos al referirnos al primer método: **león, discoteca, vino, camisa, pelotero, felicidad, queso** y **avión.** Las parejas de palabras para establecer las relaciones serán:

1. Bruno	—	LEÓN
2. Arroz	—	DISCOTECA
3. Res	—	VINO
4. Retrato	—	CAMISA
5. Brinco	—	PELOTERO
6. Rey	—	FELICIDAD
7. Arete	—	QUESO
8. Pinocho	—	AVIÓN

Las siguientes imágenes le servirán de ejemplo:

1. BRUNO está luchando con un LEÓN en medio de la selva.
2. En el piso de la DISCOTECA regaron ARROZ, y la gente resbala y no puede bailar.
3. En una cacerola que contiene VINO, se ha puesto a cocinar carne de RES.
4. En el bolsillo de su CAMISA lleva pegado un RETRATO a modo de identificación.
5. Un PELOTERO se ha puesto a dar BRINCOS en el estudio.
6. El REY saluda a sus súbditos, desde el balcón de palacio, con gran FELICIDAD.
7. Una mujer tiene colgadas de sus orejas, cuñas de QUESO en vez de ARETES.
8. El célebre muñeco PINOCHO sube las escaleras del AVIÓN.

Este método lo puede emplear con fines diversos: para recordar cosas, situaciones, listas de alimentos, listas de diligencias por hacer en el fin de semana, etc.

Nota: Cuando practique estos métodos, evite el uso de notas a modo de avisos, pues retardará el entrenamiento y, por lo tanto, demorarán más los resultados.

5) Método basado en la forma de los números

Todos los sistemas mnemotécnicos tienen el mismo fundamento: la asociación; y persiguen el mismo fin: memorizar mejor para recordar más fácilmente. La variedad de métodos —basados en diferentes aspectos: lugares, abecedario, rima, etc.— permite que cada persona escoja el que más se adapte a sus características personales o a sus intereses y preferencias.

Este método consta de 10 palabras auxiliares, que representan objetos o cosas cuya forma tiene cierta semejanza o relación con las cifras del 0 al 9. Se pueden escoger las siguientes palabras:

```
0 = Toronja
1 = Poste eléctrico
2 = Cisne
3 = Tridente
4 = Vela de barco
5 = Pie
6 = Cachimba
7 = Asta con bandera
8 = Reloj de arena
9 = Raqueta de tenis
```

En este método, se sigue el mismo procedimiento empleado en el método número 4: se asocian los nombres de las cosas, hechos o situaciones que se desean recordar, con las palabras auxiliares. Se usa especialmente cuando lo que se quiere recordar sigue un orden numérico o escalafón. Ejemplo: se quiere recordar, en orden:

— Los nombres de los alumnos que pertenecen al Cuadro de Honor de la escuela.
— Las capitales de los países más poblados del mundo.
— Los principales países productores de petróleo, granos, carnes, etc.

6) Método de las Cien Palabras Útiles

El **Método de las Cien Palabras Útiles** es quizás el más empleado por las personas que tienen dificultad para memorizar. Una de sus principales ventajas consiste en no tener que recordar las cosas en un orden preestablecido, como sucede con algunos de los métodos descritos anteriormente. Bastará que haya asociado un objeto con su palabra auxiliar, para que pueda recordarla aisladamente y con facilidad.

El método tiene diversas aplicaciones. Lo puede utilizar para recordar lo siguiente:

- Números telefónicos o series numéricas.
- Citas con médicos, dentistas o de negocios.
- Lista de compras.
- Trabajos que deben realizarse durante el día.
- Temas que han de tratarse en una conferencia o clase.
- Fechas de cumpleaños y aniversarios, etc.

Se basa en el sonido de diez consonantes que se corresponden con las cifras del 0 al 9. A partir de estas consonantes, se forman las 10 primeras palabras auxiliares, pero se puede llegar hasta cien o más, lo cual depende de la persona que lo emplee.

Usted puede confeccionar su propia lista de palabras auxiliares o utilizar la que sugerimos aquí. El funcionamiento es muy simple. A las cifras del 0 al 9 se les asigna una consonante-sonido. Esto es lo primero que debe hacer: recordar qué consonante-sonido le corresponde a cada número. Le será fácil, pues se han escogido letras que se pueden relacionar con números. A algunos números se les puede asignar más de una consonante.

TABLA DE CONSONANTES

0	=	S	
1	=	T	(D)
2	=	N	
3	=	M	
4	=	R	
5	=	L	
6	=	G	(J)
7	=	C	(K)
8	=	F	(V)
9	=	P	(B)

Ahora es necesario relacionar cada consonante con su cifra; para ello, nos valdremos de las siguientes imágenes:

0 = S El cero se ha asociado a una S, pues en muchas regiones de habla hispana la C de *cero* se pronuncia como S.

1 = T La letra T se parece al uno, que se escribe con un segmento vertical.

2 = N Si se escribe con minúscula (n), se verá que tiene dos paticas.

3 = M La forma minúscula (m) también es fácil de asociar: tiene 3 paticas.

4 = R Esta consonante forma parte de la palabra cuatRo.

5 = L En la escritura de los números romanos, el 50 se escribe con una L.

6 = G Esta letra se parece, en su forma, al número 6.

7 = C Al 7 le corresponde la consonante C (que en muchos casos suena como la K), pues con dos 7 se puede formar esta letra: K = K.

8 = F La letra F, cuando se escribe a mano y en minúscula, se parece al 8: ℬ

9 = P Si el 9 se escribe al revés, será como una P.

Con estas asociaciones, será fácil recordar las consonantes-sonidos que representan a cada número. Tanto las 10 primeras palabras como las 90 restantes, se escogerán teniendo en cuenta estos sonidos. Desde luego, se podrán emplear otras consonantes que no estén en la tabla, o también las vocales. Por ejemplo: quiere recordar el número 12… ¿Cómo?

Tenemos:

Número doce: formado por 1 y 2
Número 1: es igual a la letra T
Número 2: es igual a la letra N

La palabra debe tener estas dos consonantes. Entre ellas se pueden colocar vocales:

TiNa = Tina

Otros ejemplos sencillos:

Número	Número-Consonante		Palabra
55	5 = L	5 = L	LoLa
87	8 = F	7 = C	FoCo

Este primer uso es muy elemental, pero sirve para ilustrar cómo se forman palabras a partir de números y consonantes.

Las primeras diez palabras

Ahora escogeremos DIEZ PALABRAS, cada una de las cuales debe comenzar con una de las consonantes escogidas, de modo que dispongamos de 10 números, 10 consonantes y 10 palabras. Se debe procurar escoger vocablos que representen objetos, para facilitar la visualización. Los nombres abstractos, así como los adjetivos y los verbos deben evitarse siempre que sea posible. Analicemos estas palabras, creando imágenes claras para recordarlas mejor.

1 = Té   Imagine una taza de agua caliente donde se deposita una bolsita de TÉ.

2 = Noé   Puede pensar que está viendo a NOÉ parado frente al arca, mientras van entrando las parejas de animales.

3 = Mar   Puede hacerse la idea de que está a la orilla de la playa, contemplando el MAR.

4 = Rey   Imagine a un REY sentado en su trono.

5 = Luz   Imagine un rayo de LUZ entrando por la ventana.

6 = Gol   Visualice a un futbolista anotando un GOL.

7 = Col   Imagine que está recogiendo una COL en la huerta de su casa.

8 = Fe   Visualice a una persona rezando con mucha FE.

9 = Pan   Imagine una rebanada de PAN caliente con mantequilla.

10 = Tos   Piense en una persona con tos.
            T = 1   S = 0   TS = 10

Vamos a presentar los números con sus consonantes y palabras auxiliares para que pueda observarlos en conjunto:

1	= T	=	Té
2	= N	=	Noé
3	= M	=	Mar
4	= R	=	Rey
5	= L	=	Luz
6	= G	=	Gol
7	= C	=	Col
8	= F	=	Fe
9	= P	=	Pan

Noventa palabras más

Este método tiene la ventaja, por el uso de las 10 consonantes, que cuando se van a escoger las palabras, se pueden crear varias combinaciones y formar infinidad de palabras auxiliares.

¿Cómo se forman las noventa palabras? He aquí un ejemplo que lo ayudará a comprenderlo mejor. Ya tenemos las palabras y consonantes del 1 al 10. Vamos a buscar un vocablo para el número 11. Este número se escribe con dos unos; por lo tanto, si el número uno se asoció con la consonante T, la nueva palabra deberá tener dos T, y entre ellas colocaremos vocales para formar una palabra conocida, así:

$$T - T -$$

Las combinaciones podrían ser: **TiTa, ToTí, TaTa.**

Si queremos buscar la palabra para el número 46, se busca primero cuáles son las consonantes que tenemos que utilizar. En este caso, al cuatro le corresponde la consonante R y al seis la G. Tenemos que buscar una palabra con estas dos consonantes: **R G.**

¿Qué le parece la palabra **ReGalo**?

A continuación, le brindamos las combinaciones y las palabras auxiliares, de 10 en 10, hasta el 100, para que las memorice más fácilmente en forma de bloques, pues cada uno de éstos comenzará con la misma consonante.

10	= T S	=	Tos
11	= T T	=	ToTí
12	= T N	=	TiNa
13	= T M	=	TuMor
14	= T R	=	ToRo
15	= T L	=	TiLo
16	= T G	=	TeGumento
17	= T C	=	TaCón
18	= T F	=	TiFón
19	= T P	=	TaPón

20	=	N S	=	NíSpero
21	=	N T	=	NeuTrón
22	=	N N	=	NeNé
23	=	N M	=	NeuMonía
24	=	N R	=	NaRdo
25	=	N L	=	NiLón
26	=	N G	=	NeGocio
27	=	N C	=	NaCión
28	=	N F	=	NinFa
29	=	N P	=	NaPoleón

30	=	M S	=	MiSa
31	=	M T	=	MaTa
32	=	M N	=	MaNo
33	=	M M	=	MaMá
34	=	M R	=	MaRía
35	=	M L	=	MeLón
36	=	M G	=	MaGo
37	=	M C	=	MaCeta
38	=	M F	=	MaFia
39	=	M P	=	MaPa

40	=	R S	=	RoSa
41	=	R T	=	RaTón
42	=	R N	=	RaNa
43	=	R M	=	RaMa
44	=	R R	=	RaRo
45	=	R L	=	ReLoj
46	=	R G	=	ReGalo
47	=	R C	=	ReCital
48	=	R F	=	ReFajo
49	=	R P	=	RePtil

50	=	L S	=	LeSión
51	=	L T	=	LaTón
52	=	L N	=	LeóN
53	=	L M	=	LiMón
54	=	L R	=	LoRo
55	=	L L	=	LoLa
56	=	L G	=	LiGa
57	=	L C	=	LiCeo
58	=	L V	=	LaVa
59	=	L P	=	LuPa

60	=	G S	=	GéiSer
61	=	G T	=	GaTo
62	=	G N	=	GeNdarme
63	=	G M	=	GoMa
64	=	G R	=	GRúa
65	=	G L	=	GaLón
66	=	G G	=	GuaGua
67	=	G C	=	GuaCamol
68	=	G F	=	GeóFago
69	=	G P	=	GuaPo

70	=	C S	=	CaSa
71	=	C T	=	CeTro
72	=	C N	=	CaNoa
73	=	C M	=	CaMa
74	=	C R	=	CRáneo
75	=	C L	=	CieLo
76	=	C G	=	CieGo
77	=	C C	=	CaCao
78	=	C F	=	CaiFás
79	=	C P	=	CaPote

80	=	F S	=	FieSta
81	=	F T	=	FoTo
82	=	F N	=	FaNal
83	=	F M	=	FuMigador
84	=	F R	=	FaRo
85	=	F L	=	FLor
86	=	F G	=	FoGón
87	=	F C	=	FoCo
88	=	F F	=	FeFa
89	=	V P	=	VaPor

90 = P S	=	PeSo
91 = P T	=	PaTa
92 = P N	=	PiaNo
93 = P M	=	PuMa
94 = P R	=	PaRaíso
95 = P L	=	PiLar
96 = P G	=	PiGmeo
97 = P C	=	PoCilga
98 = P F	=	PiFia
99 = P P	=	PePe
100 = T S S	=	TeSiS

Hasta ahora nos hemos referido a los principales métodos mnemotécnicos, concentrándonos en la descripción de cada uno y en su empleo o manejo. En lo que resta del capítulo, nos ocuparemos de su aplicación, de cómo nos podemos servir de ellos en la vida diaria, y convertirlos en instrumentos efectivos para memorizar y recordar mejor lo que necesitemos.

Si bien en la explicación de los mismos nos referimos a la forma de recordar listas de palabras, esto no quiere decir que ése sea el objetivo que perseguimos con ellos, ni tampoco que la memoria se ejercite con sólo escoger grupos de palabras y recordarlas según estos métodos. Pasemos ahora de la teoría a la práctica.

A menudo, leemos un artículo en la prensa que nos llama la atención, bien porque se relaciona con nuestro trabajo, bien porque guarda cierta afinidad con nuestros intereses, o porque simplemente nos gusta y consideramos que, en un futuro, necesitamos recordarlo. Lo mismo puede sucedernos con un libro, o tal vez con un capítulo que deseamos recordar.

Seguramente, mientras lo ha estado leyendo, habrá hecho anotaciones en los márgenes de las páginas, subrayado algunas frases o ideas, o establecido comparaciones con otros conocimientos adquiridos anteriormente. Con esta tarea, habrá logrado comprender lo que dice el artículo o el libro, o sea, lo habrá entendido. Si no ha vencido las fases de aprendizaje y comprensión, estos métodos no lo ayudarán a recordar lo que ha leído. Para recordar las cosas como los loros, los métodos no funcionan. Ahora bien, después de comprendido y aprendido el texto de la forma adecuada, los métodos sí lo ayudarán a recordar fechas, nombres, personas, lugares y acontecimientos, los cuales no son objeto de comprensión, pero sí de memorización, para reforzar las ideas ya asimiladas, comprendidas y memorizadas.

Por ejemplo, un estudiante puede haber aprendido perfectamente, digamos, el período de la Historia que abarca el Renacimiento de las Artes y las Letras en los principales países europeos, al comenzar la Edad Moderna. Puede dominar este tema por completo, pues ha comprendido cuáles fueron las causas que motivaron el cambio, qué efectos produjo y cómo repercutió en los siglos siguientes. Sin embargo, es posible que tenga dificultad en recordar los nombres de todos los pintores, escultores y escritores que fueron famosos en cada país; o quizá le sea difícil recordar las obras que hizo o escribió cada uno. Para este tipo de estudiante, la solución idónea consiste en emplear un método mnemotécnico que lo ayude a memorizar nombres y obras, con lo cual reforzará sus conocimientos.

A) Cómo recordar números telefónicos y otros números

Es lógico que consideremos más cómodo apuntar, en la agenda de direcciones, los teléfonos de nuestros familiares y amistades, que confiarlos a la memoria. Es normal y más que adecuado hacerlo; pero ¡cuántas veces nos vemos en la necesidad de hacer una llamada telefónica y no tenemos la agenda a mano en ese momento! Es evidente que, en el caso de los números telefónicos que solemos usar frecuentemente, resulta útil tenerlos memorizados. Si tiene dificultad en hacerlo, el método mnemotécnico más indicado para estos casos es el de las **Cien Palabras Útiles,** pues en él puede disponer de una cantidad suficiente de cifras y palabras, para formar las combinaciones y asociaciones que le resulten más sencillas.

¿Cómo emplearlo? Le resultará muy sencillo. Digamos que el número de teléfono que quiere recordar es el 85835. Como sólo disponemos de números de dos cifras, es conveniente dividirlo. Ésta podría ser una primera combinación: 8-58-35. ¿Qué palabras les corresponden a estos números? Bastará con recordar la lista que nos hemos aprendido y veremos que:

> al número 8 le corresponde la palabra FE;
> al número 58 le corresponde la palabra LAVA;
> y al número 35 le corresponde la palabra MELÓN.

Con estas tres palabras y el nombre de la persona a quien corresponde este número telefónico, va a formar algunas asociaciones que le ayudarán a recordarlo. Por ejemplo: Puede pensar que ISABEL tiene FE; que la LAVA que echó como abono a sus matas de MELÓN, hará que crezcan muy grandes. Cuando quiera llamar a Isabel y no tenga cerca la agenda o no recuerde el número, al recordar estas imágenes vendrán a su mente las palabras **fe, lava** y **melón**, y se acordará de que el número es el 8-58-35.

Vamos a valernos de otra combinación, para que compruebe que no es un método estricto, sino flexible y ajustable a su manera de pensar o de ser. La segunda combinación podría ser: 85-83-5. Tenemos que, en nuestra lista de palabras:

> al número 85 le corresponde la palabra FLOR;
> al número 83 le corresponde la palabra FUMIGADOR;
> y al número 5 le corresponde la palabra LUZ.

Cualesquiera que sean las palabras que vaya a emplear, siempre es posible formar una asociación con ellos. Tenga siempre presente que estas asociaciones no tienen que ser reales, deje libre su imaginación: lo desproporcionado, lo insólito, es más fácil de recordar. Puede imaginarse a ISABEL mostrando una exótica FLOR a la que el FUMIGADOR ha aplicado una LUZ azul para hacerla crecer.

Una forma de ir adquiriendo destrezas es escoger algunos teléfonos de personas conocidas y crear asociaciones entre las palabras correspondientes a los números obtenidos al dividir el original en otros de dos o una cifra; al realizar las asociaciones, tiene que incluir siempre el nombre de la persona. También puede valerse de una guía telefónica, y tomar de ella al azar varios ejemplos, para ver qué ideas o imágenes se le ocurren. Es muy posible que, al principio, este procedimiento le parezca un poco laborioso; no se preocupe, insista; lo importante es dejar libre la imaginación para que las asociaciones fluyan espontáneamente.

Este método puede aplicarse para recordar otros números, por ejemplo: el de la licencia de conducir, el de la cédula de identidad, el del seguro social, el de la cuenta bancaria o cualquier otro que necesite usar con frecuencia.

Veamos cómo funciona el método para recordar una dirección, con este ejemplo. Esther vive en la Calle 70 # 5120, y usted necesita memorizar su dirección; todo lo que requiere es formar asociaciones con tres palabras. ¿Cuáles son? Aquí las tiene:

> al número 70 le corresponde la palabra CASA;
> al número 51 le corresponde la palabra LATÓN;
> al número 20 le corresponde la palabra NÍSPERO (ZAPOTE).

¿Qué ideas le sugieren estas palabras? Puede imaginar a ESTHER frente al jardín de su CASA echándole agua a un LATÓN donde está sembrado un NÍSPERO (ZAPOTE). O puede evocar a ESTHER frente a su CASA echando en un LATÓN los NÍSPEROS maduros que se han caído del árbol. A la hora de escribir la dirección en una carta, si no tiene la agenda a mano, le bastará recordar estas imágenes para conseguir la dirección: **Casa** es 70, **latón** es 51 y **níspero** es 20.

B) Cómo recordar fechas

Para muchas personas, lo difícil de recordar son las fechas, y esto le trae conflictos. ¡Cuántos disgustos cuando uno de los conyuges no recuerda el aniversario de bodas! Lo mismo sucede con las "fechas": cumpleaños, santos o cualquier aniversario especial. En estos casos, es posible aplicar el **Método de las Cien Palabras Útiles**. Un ejemplo: el cumpleaños de Nidia es el 30 de marzo. Como marzo es el tercer mes del año, sólo necesitará dos palabras bien asociadas. En la lista de este método, 3 es igual a **mar**, y 30 es igual a **misa**. Imagine a NIDIA en medio del MAR, oyendo MISA el día de su cumpleaños.

Otras fechas que se olvidan con frecuencia son las citas con los dentistas y médicos. Si su turno es para el 14 de abril, con las palabras correspondientes a los números 4 y 14, **rey** y **toro**, respectivamente, puede hacer su asociación. Imagine a su DENTISTA vestido de REY, paseando en un TORO negro; o imagine a su DENTISTA en una plaza, viendo como el REY le hace frente a un TORO gigante. Cuando piense: "¿Para qué día es mi turno?", le será fácil recordarlo: **rey** es igual a 4, y **toro** igual a 14, o sea, 14 de abril.

Otras fechas que deben recordarse son las de las invitaciones que recibimos: almuerzos, cenas, bautizos, etc. Todas pueden ser recordadas de la misma forma, incluso agregando la hora; sólo necesita añadir otra palabra a las imágenes creadas. Resulta útil recordar las fechas utilizando la siguiente secuencia: persona, día y mes. Identifique los meses por las palabras correspondientes a los números del 1 al 12. También resulta práctico recordar solamente las actividades de las semana: persona, día de la semana (del 1 al 7) y día del mes. Si, por ejemplo, va a cenar a casa de sus tíos el martes 24, sólo tiene que relacionar a sus tíos con **Noé** (2), el martes es el segundo día de la semana, y con **nardos** (24), según la lista del **Método de las Cien Palabras Útiles**.

C) Cómo recordar asuntos pendientes

Si lo que le interesa recordar, en vez de fechas o teléfonos, es una determinada diligencia por hacer, lo más apropiado es asociarla con un lugar por el que va a pasar en el transcurso del día, ya sea al salir por la mañana, o al regresar del trabajo, por la tarde. Suponga que quiere aprovechar el sábado para llevar el carro al taller. Relacione la puerta de salida de la casa con el taller de mecánica y el carro. Visualice un enorme CARRO en reparación, en la PUERTA de su casa. Cada vez que vaya a salir, al abrir la puerta, verá al enorme carro empotrado en la puerta, y esto le recordará que tiene que ir al taller.

Hay muchas personas que se valen de las asociaciones con lugares para no olvidar lo que tienen que hacer. Así, imaginan las cosas que deben hacer durante el día, relacionándolas con los lugares por los que tienen que pasar antes de salir de la casa. Se valen de cualquier mueble, de las escaleras, los pasillos, las puertas y las paredes. Todos estos recursos funcionan en la práctica. También las actividades por hacer pueden ser en la propia casa; en este caso, las asociaciones se harían a la inversa, empezando por la puerta de entrada, los pasillos, los muebles, o sea, completamente a la inversa.

D) Cómo recordar sueños

Infinidad de personas aseguran que no sueñan; otras reconocen que sueñan, pero que no recuerdan lo que soñaron. Un último grupo, el más pequeño, está seguro de que sueña, y recuerda la mayoría o una parte de sus sueños, aunque no los sepa interpretar. Lo cierto es que, aunque no lo recuerden, todas las personas sueñan mientras duermen. El hecho de que lo olviden merece especial atención.

Según Freud, durante el sueño, parte de los recuerdos almacenados en el inconsciente, lo traspasan y se manifiestan a través de imágenes y símbolos. En otros casos, son anhelos de cosas o hechos no realizados durante el día. Toda manifestación onírica tiene dos contenidos: a) uno manifiesto, lo que la persona ve mientras sueña; y b) otro latente, que es, en realidad, el móvil del sueño: hechos pasados que han sido reprimidos, de los cuales la persona no quiere tener conciencia, ni recordar, por serles desagradables o inadmisibles, por la contradicción que existe entre tales recuerdos y sus principios o conceptos morales.

¿En qué forma se pueden aplicar los recursos mnemotécnicos a los sueños? Hay personas que sólo los recuerdan cuando se levantan. En algunos casos, la ansiedad y la angustia que sufre quien está soñando, lo hace despertarse para evitar su continuación. En ambos casos, si usted quiere recordar, es preciso, ante todo, grabarlos en la memoria consciente. Después de esto, los puede describir en una libreta de notas, pero es mejor tratar de recordarlos empleando algunos de los

Hay personas que se valen de las asociaciones con lugares para no olvidar lo que tienen que hacer. De este modo, imaginan las cosas que deben hacer, relacionándolas con los lugares por donde tienen que pasar antes de salir de la casa.

métodos explicados; entre ellos, los más recomendables son los basados en la rima de los números o en la forma de éstos. Las palabras auxiliares se deben relacionar con los hechos más significativos que recuerde al despertarse. Si se establecen buenas relaciones, la persona puede seguir durmiendo; el sueño ha quedado grabado en la memoria consciente a través del lazo creado por las asociaciones. Cuando se despierte de nuevo, o quizás durante el día, bastará con que recorra las palabras auxiliares del método que acostumbre usar, para que éstas, como anzuelos, traigan enganchados los hechos importantes que se memorizaron.

Ofrecemos un ejemplo, tomado de las obras de Freud y soñado por él mismo: "Varias personas que comen juntas. Reunión de invitados o mesa redonda... La señora E.L. se halla sentada junto a mí..." Tomando las palabras auxiliares del Método no. 4, se pueden hacer asociaciones como éstas:

BRUNO comiendo con varias personas o invitados.
Una fuente de ARROZ colocada en el centro de una mesa redonda.
La señora E.L. sirviendo carne de RES asada.

Para recordar el sueño, sólo hace falta repasar las palabras auxiliares: **Bruno, arroz, res**, y cada una de ellas traerá atada la imagen con la que se asoció: **Bruno** le hará recordar a las personas que comen; el **arroz**, la mesa redonda; la **res** a la señora E.L.

E) Cómo recordar cierto tipo de vocabulario

La incorporación de nuevos vocablos, pertenecientes a nuestro idioma o a cualquier otro, es casi siempre difícil por tratarse de términos desconocidos. Una vez que se busca en el diccionario el significado del vocablo en cuestión, es recomendable repetirlo varias veces para familiarizarse con él. Según lo repita, recordará otras palabras que ya conoce; de este modo, lo irá asociando con éstas. (Tenga presente la comparación de la memoria con la red de pescar y las conexiones de los nudos.) En muchos casos, resulta útil descomponer la palabra, siempre que sea posible, para crear imágenes que ayuden a memorizarla.

Suponga que está leyendo un artículo y que se tropieza con la palabra CALAMINA, que nunca antes había visto ni oído. Va al diccionario y encuentra la siguiente definición: *f. Silicato hidratado de cinc. // Cinc fundido.* Después de leído el concepto, sabe que es una sustancia química. Puede dividir la palabra en otras dos: CALA y MINA. El éxito de no olvidarla está en la imagen que se forme. Piense que llega a un laboratorio de química y que se lo encuentra atestado de plantas de CALA; hay allí tantas, que da la impresión de haber descubierto una MINA de estas plantas. Al evocar estas imágenes, le será fácil recordar que de la suma de esas palabras (**cala + mina**) resulta el nombre de una sustancia química: **calamina.**

El vocablo **elefantiasis** tiene el siguiente significado: *Aumento enorme de algunas partes del cuerpo especialmente de las piernas.* ¿Cómo recordarlo? Después de repetirlo algunas veces, descompóngalo: **elefant - i - asis**. ¿Qué le parece la siguiente asociación? Un ELEFANTE de patas largas se pasea por las calles de la ciudad de ASÍS.

Este recurso se aplica también cuando se necesita memorizar vocablos extranjeros. La palabra inglesa **luckiness** significa *suerte, fortuna.* La descomponemos en **lucki - n- ess**. Puede imaginar que un amigo suyo ES una persona que tiene una suerte LOCA, por haber conseguido el empleo que estaba buscando.

Todas estas imágenes nos ayudan a recordar; por tal razón, hay que crear imágenes llamativas, y evitar las que resulten comunes y pobres. El uso de relaciones memorísticas sólo debe emplearse al principio, como medio para desarrollar la memoria, ya que, una vez que se memoriza mecánicamente, no es necesario seguir recurriendo a ellas. Aunque, desde luego, sólo se logra la mecanización después de practicar estos métodos de modo sistemático.

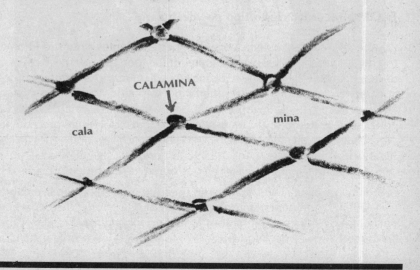

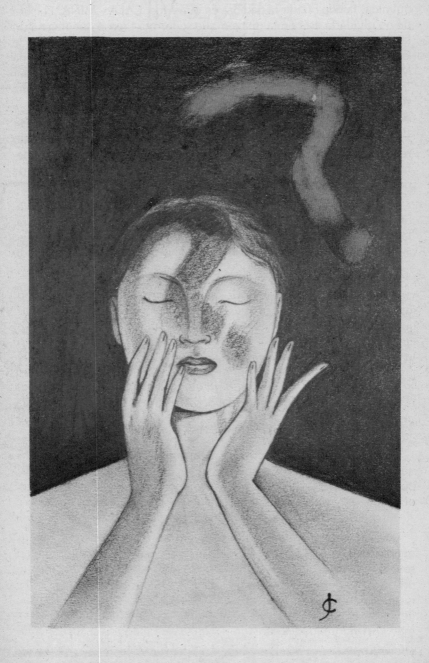

CAPÍTULO VII

CÓMO RECORDAR
CARAS Y NOMBRES

Una de las situaciones más frecuentes, o más generalizadas con respecto a la memoria, consiste en olvidar el nombre de las personas que uno va conociendo. En la oficina, en la playa, en una fiesta, nos encontramos con alguien que nos saluda y nos decimos: "Reconozco tu cara. Te he visto anteriormente en alguna parte; pero no sé quién eres, no me acuerdo de tu nombre". Cada vez que esto sucede —no importa cuán cortés se haya sido, ni cuán elegantes sean las palabras escogidas para decirlo—, en realidad, se le está diciendo a la otra persona: "Yo sé que te he visto antes, pero NO ME HAS INTERESADO TANTO COMO PARA RECORDARTE."

Estas escenas son más frecuentes de lo que usted pueda concebir. Los dos individuos se sienten apenados, se ofrecen sinceras disculpas; pero, en el fondo, "la otra persona" no perdona nunca que la hayan olvidado. Juzgará el olvido como indiferencia hacia ella, lo cual hiere su susceptibilidad.

Trasladando esta situación a la esfera de los negocios: ¡cuántas puertas se cierran, cuántas oportunidades se pierden al admitir que no se recuerda a alguien! Y el que "yo" lo admita, me hace decirle sin palabras a mi interlocutor: NO TE CONSIDERÉ IMPORTANTE. La incapacidad para recordar nombres es muy corriente. Aquéllos que tienen la habilidad de asociar fácilmente caras y nombres, tendrán mayores oportunidades para triunfar en la vida; podrán alcanzar mayores logros; avanzarán y llegarán más lejos, cualquiera que sea la actividad a la que se dediquen.

En este capítulo, nos referiremos al método más eficaz para desarrollar la capacidad de memorización de los nombres, asociados éstos con las caras de los "nombrados". Le va a ser muy fácil aprenderlo, puesto que es muy sencillo. El aplicarlo va a traerle ÉXITOS y TRIUNFOS, cualquiera que sea la esfera en que se desenvuelva. El método consta de cuatro reglas, las cuales son como cuatro llaves o claves, que, aplicadas continuamente durante cierto tiempo, le ayudarán a fijar en su memoria, para siempre, los nombres de las personas que le presenten.

Tal vez piense que un método así es demasiado tentador o fantástico para ser verdadero; pero le aseguramos que ha sido estudiado y aplicado por muchas personas, y todas han logrado magníficos resultados. Veamos este caso. Un alto ejecutivo de una poderosa compañía, se quejaba constantemente de su incapacidad para recordar nombres; podía acordarse hasta de los más pequeños detalles de su negocio, pero le era imposible memorizar dos nombres a la vez. Esta situación le traía serias dificultades en el desenvolvimiento de su trabajo, pues con frecuencia debía asistir a conferencias donde le presentaban seis u ocho personas a un tiempo. Por supuesto, los otros lo recordaban a él, porque se trataba de un hombre de gran solvencia y con grandes influencias; pero él era demasiado torpe para recordarlos en un segundo encuentro. Esto lo fue traumatizando, y le creó una especie de fobia o complejo.

Dada su necesidad de superar este conflicto, se puso a buscar ayuda, hasta que encontró este método. Cuando le explicaron qué debía hacer para practicarlo, lo juzgó tan sencillo que dudó que cuatro simples reglas le pudieran resolver su grave problema; sin embargo, la nueva orientación le dio un voto de confianza, y se dedicó por completo a la ejercitación del mismo. En poco tiempo fue capaz de reconocer, en un segundo encuentro, a más de una veintena de personas que le habían sido presentadas a la vez en una reunión o conferencia, sin necesidad de hacer un gran esfuerzo. Para él, era algo increíble, con la habilidad de recordar las caras y los nombres simultáneamente, alcanzar lo único que le faltaba para mejorar cabalmente su empresa. Lo que hasta entonces consideró un don de mentes superdotadas, era ahora un hábito tan natural y automático como estrechar la mano de alguien para saludarlo.

Muchas personas, que se consideraban incapaces de recordar nombres, han logrado óptimos resultados. Se ha dado el caso de individuos que, durante el período de entrenamiento, han sido capaces de pararse

Aquellos que tienen la habilidad de asociar fácilmente caras y nombres, tendrán mayores oportunidades para triunfar en la vida. Esto es sumamente necesario para causar una buena impresión en el mundo de los negocios y especialmente en profesiones como la de las ventas.

frente a un auditorio y llamar por su nombre a más de 80 personas, a las que habían conocido apenas unos minutos antes de comenzar la conferencia.

Antes de adentrarnos en las cuatro reglas o principios del método, es conveniente que usted mismo determine la capacidad que posee su memoria para recordar caras y nombres. Para averiguarlo, deberá auto-examinarse empleando el siguiente *test*: en las próximas dieciséis páginas va a encontrar las fotos de dieciséis personas con sus respectivos nombres. Imagine que se las están presentando, a la vez, en una reunión a la que usted ha asistido. Vaya, página por página, observando una vez nada más cada fotografía, así como el nombre que aparece al pie de cada una. Figúrese que cruza con ellas algunas palabras según se las presentan; emplee el tiempo que normalmente se tarda ese intercambio. Cuando haya visto todas las fotos, pase a la segunda parte del *test,* donde va a encontrar las mismas dieciséis fotos, sin los nombres… ¿A cuántas personas cree que podrá recordar? ¡Manos a la obra!

Enrique Zaldívar

Ana Lanier

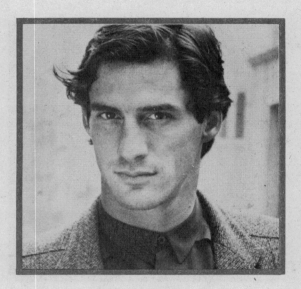

Roberto Rodríguez

Daniela Duval

René Villalba

Lilia Martínez

Juan Abreu

Celina Álvarez

Alen Brito

Gloria Méndez

Alberto Pérez

Victoria González

Carlos del Río

Rebeca Conte

Manuel García

Ofelia Hernández

Acaba de conocer dieciséis nuevas caras de personas con los respectivos nombres de éstas. Las podrá ver de nuevo en las siguientes páginas, pero en distinto orden, como si se encontrara con ellas en la vida real. Trate de escribir el nombre correcto debajo de cada fotografía. ¿Cuántas caras podrá recordar? Veamos los resultados posibles. Si logra reconocer a 12 personas, su memoria es excelente; si reconoce a 8 su memoria es bastante buena. Sin embargo, si sólo puede reconocer a 4 ó 5, no se desanime: hay muchos como usted. Con la ayuda que le bridará este método, podrá desarrollar, en poco tiempo, su capacidad para memorizar caras y nombres con mayor rapidez, durabilidad y firmeza.

En general, las personas se interesan en recordar los nombres de aquellos que tienen una importancia especial para ellas. Cuando un individuo representa algo para usted, usted recuerda su nombre. Pongamos como ejemplo una situación que le demostrará cómo realmente el interés es uno de los factores que ayudan a memorizar nombres.

Imagine que usted se encuentra en una cafetería, merendando con un amigo suyo. Alguien se acerca y saluda a su amigo; éste se lo presenta, y usted, con cierta indiferencia, corresponde a la presentación; lo mira, oye su nombre y continúa su conversación y su merienda. El extraño no representa nada para usted y, por lo tanto, no se molesta en hacer el menor esfuerzo para fijar su nombre.

A los pocos días, estando usted en la misma cafetería, aquel individuo se le acerca, proyectando la imagen de un viejo amigo, al mismo tiempo que le pide $20.00 prestados. Ahora, usted lo mira asombrado y curioso, no como la primera vez que lo vio. Se fija en él y lo observa detenidamente, estudiando sus rasgos con especial interés. No logra reconocerlo, hasta que decide decirle:

—Señor, lo siento mucho pero no recuerdo su nombre.
—Yo soy Juan González.
—¿Dice usted Juan González? ¿J-u-a-n G-o-n-z-á-l-e-z?
—Sí, Juan González. Mi amigo Pedro nos presentó hace pocos días, mientras ustedes merendaban aquí mismo.
—Bueno, Juan, siento lo ocurrido. Lamento no haberlo reconocido. Aquí tiene los $20.00, y espero que nos veamos de nuevo en poco tiempo.

Pasaron varios meses, y no se volvió a encontrar con el Sr. Juan González. A cada rato piensa en él, y en el diner_ _ _e le ha prestado. Recuerda su cara y su nombre sin realizar ningún_ _ _ _ _ _uerdo es más que espontáneo. Podrán transcurrir 30 añ_ en Japón, de seguro que lo reconocería. ¿Por _ tiene un significado especial para usted: repr_ frase "el tiempo es oro" podría cambiarse, NOMBRE ES ORO". Todo recién conocido _ usted, y convertirse en el futuro en un amig_ suyo, etc.

Anécdota de la campaña presidencial

Antes de aprender las cuatro reglas para recordar nombres, es conveniente que cultive el deseo de recordarlos. Para esto, debe comprender que cada persona que conozca va a representar algo específico, si usted se interesa en ella. Querer recordar el nombre de alguien es una manifestación de su interés por él. Cuando le presenten a alguien, demuéstrele que usted se interesa por él. Bastará con tomarse la pequeña molestia de pedirle su nombre, dirección y teléfono, y escribirlos en su agenda de bolsillo.

A todos nos satisface saber que otros se interesan por nosotros. Esta verdad la han comprendido diplomáticos, políticos, hombres de negocio y figuras públicas de todos los tiempos. Se cuenta que, en la campaña presidencial de 1932, en los Estados Unidos, James A. Farley empleó esta técnica de interesarse en el nombre de los demás para conseguir votos a favor de Franklin D. Roosevelt. Durante la campaña, a través de todo el país, conoció a miles de ciudadanos, aprendió sus nombres y les pidió personalmente su apoyo para las elecciones. De regreso a Washington enviaba, a cada uno, una carta saludándolo en forma muy amistosa y sencilla. No utilizó la forma protocolar, sino la más simple y cordial: "Querido John", "Querido Mike"... A su vez, firmaba las cartas con su apodo: "Jim". Hoy en día, se considera que esta actitud fue uno de los factores decisivos para ganar la contienda electoral.

Anécdota del vendedor

Una de las profesiones donde se hace más evidente y, desde luego, más necesario recordar los nombres de las personas, es la de los vendedores. La siguiente anécdota está tomada de la vida real, pero utilizaremos nombres imaginarios.

El Sr. Rodríguez se dedica a la venta de casas en una urbanización que acaba de ser construida, donde también trabajan varios vendedores más. Acudieron a ver los modelos los esposos Pérez y la señora Gutiérrez, madre del señor Pérez. El empleado les mostró todos los modelos con gran amabilidad; ellos quedaron complacidos y prometieron regresar.

arias semanas después, el matrimonio Pérez regresó a la urbaniza- tan pronto entraron a la oficina, el señor Rodríguez los fue a su encuentro para saludarlos, diciéndoles: "Me es grato verles de nuevo por aquí. ¿Y la Sra. Gutiérrez?, ¿no vino hoy?" El Sr. Pérez lo miró sorprendido y le respondió: "Usted debe de haber conocido decenas de personas después que estuvimos aquí; ¿cómo es posible que recuerde a mi madre?...'' El Sr. Rodríguez les vendió la casa, y asegura hoy que el éxito de la venta se lo debió al simple hecho de haber recordado a la señora que no vino ese día.

Anécdota del apellido

El apellido, al igual que el nombre de pila, es objeto de orgullo para muchas personas. Ésta es también una de las razones por las que enfatizamos la importancia de dirigirnos a los demás llamándolos por su nombre, además de la utilidad de este método cuando se busca el éxito en la vida.

El orgullo que se siente por el nombre, y el deseo de perpetuarlo, lo demuestra el siguiente relato. El Sr. James B. Duke ofreció una donación de más de 50 millones de dólares al "Trinity College", en Durham, Carolina del Norte, a condición de que le cambiaran el nombre al plantel por el de "Duke University".

Tal vez parezca que el Sr. Duke mostraba un orgullo desmedido por el nombre de su familia; pero la historia está llena de anécdotas como éstas. ¡Cuántas veces nos encontramos con personas que han puesto a sus hijos los nombres de familiares y amigos a quienes admiran, y comprobamos que éstos se sienten muy halagados con la acción! Ciertamente, el nombre significa mucho para cada individuo. ¿Ha pensado usted en cuántos objetos puede comprar que lleven grabados o pintados nombres de personas? La lista incluiría desde pulseras hasta tazas para tomar té o café.

REGLA No. 1: CAPTE EL NOMBRE CORRECTAMENTE

Una de las principales razones por las cuales se olvidan los nombres de las personas que conocemos es la falta de atención cuando los escuchamos por primera vez. Vamos a detenernos en este ejemplo: usted llega a una reunión de su empresa, su jefe le presenta a un amigo de él, en la forma acostumbrada, y le dice: "Hola, Sr. García. Éste es mi amigo el Sr. Go---z". Usted le estrecha la mano diciéndole: "Me alegro de conocerlo. ¿Cómo está?"

¿Cómo se llamará el Sr. Go---s? ¿Será **Gómez, González, Godines...?**

El hombre que le presentaron es el Sr. Godines; puede ver su foto en la página siguiente. Cuando le presenten a alguien y no haya oído claramente su nombre, no piense que más tarde, en el transcurso de la conversación, lo va a oír bien y lo podrá captar. En ese mismo momento, deténgase; no tenga pena en confesar que no entendió bien y diga cortésmente: "Por favor, ¿puede repetirme su nombre?; no lo entendí bien". La otra persona no se sentirá ofendida; al contrario, verá cuánto le satisface el saber que usted se INTERESA por ella. Si en ese instante recuerda que conoce a alguien con ese apellido, pregúntele a su interlocutor si son de la misma familia. Esto hará que el Sr. Godines también se interese por usted, y quizás éste le diga que tampoco entendió su nombre y hasta se muestre deseoso de oírlo de nuevo. En pocas palabras, usted debe tener presente que lo más importante es CAPTAR EL NOMBRE CORRECTAMENTE.

Mientras a usted lo presentan, procure concentrarse por completo en entender bien el nombre; no preste atención a nada más; prescinda de cualquier otra impresión en ese momento. Una vez que haya entendido claramente el nombre, podrá fijarse en otros aspectos, como: el timbre de voz, los rasgos faciales, la personalidad, la forma de vestirse, etc. Pero nunca permita que su atención se detenga en estos aspectos sin antes haber captado bien el nombre. Evite ponerse a pensar qué va a decir; no deje que su mente se distraiga. En este instante, su único objetivo es captar el nombre de la persona que le acaban de presentar.

Puede suceder que, durante la conversación, usted se percate de que no entendió correctamente el nombre de su interlocutor. Por ejemplo, se lo presentaron como el señor **Villamil,** y usted lo llama **Vigil.** Es una falla suya. Sin dudas, no está practicando la regla como es debido; no está lo suficientemente concentrado como para captar el nombre de la otra persona. ¿Por qué? Le está prestando más atención a su interlocutor, tratando de que él grabe quizás su propio nombre, en vez de esforzarse y mantener los oídos bien abiertos para oír una y otra vez el nombre de él, cuantas veces sea repetido. Es por esta razón que ha comprendido el apellido del recién conocido. El dejarse llevar por situaciones como éstas es uno de los factores que causan su distracción durante la presentación. No permita que le suceda; la distracción es enemiga de la concentración. Su propósito ha de ser CAPTAR EL NOMBRE CORRECTAMENTE.

REGLA NO. 2: FIJE EL NOMBRE POR REPETICIÓN

Una vez que haya practicado la Regla No. 1, es decir, después que capte el nombre correctamente, pase a la Regla No. 2: FIJE EL NOMBRE POR REPETICIÓN. Durante la conversación con la persona que acaba de conocer, diríjase a ella empleando su nombre lo más frecuentemente posible, lo mismo al principio que al final de las frases, como en este ejemplo.

"Señor Godines, me han dicho que…
Es cierto, Sr. Godines, la empresa…
Me siento satisfecho con mi trabajo, Sr. Godines…"

Afortunadamente, el vocativo, es decir, el nombre de la persona a quien nos dirigimos, se puede colocar al principio, en medio o al final de las oraciones.

Sr. Godines

Cuando se va a clavar una puntilla en una pieza de madera, se le golpea con el martillo varias veces hasta fijarla completamente; cada martillazo la hace penetrar aún más en la madera. En la conversación, cada repetición del nombre, en voz alta, es como un martillazo que lo "clava" en la memoria. Si otras personas participan en la conversación y usted no puede dirigirse expresamente a su nuevo amigo, porque tiene que ocuparse de varios al mismo tiempo, entonces repítase el nombre mentalmente, mientras observa sus rasgos y apariencia general, estableciendo así una relación entre el nombre y la persona.

Resulta conveniente, cuando llega el momento de despedirse, aprovechar la ocasión para repetir una vez más, en voz alta, el nombre del recién conocido. No se conforme con decir: "Hasta pronto. Ha sido un placer el haberle conocido". En su lugar, dígale: "Hasta pronto, señor Godines. Ha sido un placer haberle conocido". En ese momento, déle un último vistazo al Sr. Godines, para que nombre y rostro queden asociados en la memoria como una unidad, de modo que, al verle de nuevo, el recuerdo del rostro venga unido al del nombre. Hágase este firme propósito: "La próxima vez que vea esta cara, recordaré a quién pertenece: el Sr. Godines, G-o-d-i-n-e-s. Pregúntese si le dio un último vistazo; si no, está a tiempo: hágalo.

Todo lo que digamos es poco al enfatizar la importancia de esta segunda regla: la repetición. Al principio, usted tendrá que hacer un esfuerzo consciente para ponerla en práctica; deberá estar al tanto y procurar intercalar el nombre en las frases, o repetírselo en silencio. Si usted no se toma la molestia de repetirlo una y otra vez, si confía demasiado en su memoria, pensando que el haberlo oído en una ocasión es más que suficiente, usted está abusando de su memoria, o sobreestimándola. Es necesario que le brinde la OPORTUNIDAD de funcionar plenamente, de modo que pueda ejercitar la grabación del nuevo estímulo, es decir, el nombre, para que éste quede en realidad bien almacenado, lo cual le hará recordarlo con facilidad en futuras situaciones.

Cuando las personas están conscientes, por su propia experiencia, de que deben cooperar con su memoria, brindándole toda clase de ayuda tan pronto se presenta la ocasión, escriben el nombre de la persona que acaban de conocer en una hoja de papel, o en una libreta de notas. Se cuenta que Napoleón III utilizaba esta técnica con gran éxito. El nombrado rey francés había comprendido que uno de los factores que aumentaba su popularidad y fortalecía su posición en el trono, consistía en dar a sus súbditos la satisfacción de escuchar sus nombres en boca

Cuando le presentan a alguien, aproveche cualquier ocasión durante el diálogo para repetir el nombre de la persona. De esta forma, no sólo podrá confirmar que lo pronuncia correctamente, sino también aprovechará la oportunidad para grabarlo en su memoria.

del soberano. ¿Cómo lo logró? Después de cada audiencia, cuando se quedaba solo, escribía en un papel el nombre de cada una de las personas que había conocido, dedicándole unos minutos a cada uno en particular, pensando en sus rasgos característicos o distintivos.

La técnica de la repitición es, sin duda, de gran utilidad; pero en la actualidad no se practica lo suficiente, pues se le considera un método tradicional y un poco anticuado. Sin embargo, en este caso específico, para ayudar a memorizar los nombres, es conveniente repetir en voz alta el nombre de la persona, cuantas veces sea posible, mientras la tengamos presente. Más tarde, es preciso tratar de recordarla, de visualizarla, y escribir en un papel su nombre, lo cual facilitará la memorización y, por lo tanto, la evocación: el recuerdo. Sería interesante, como entretenimiento, crearse una especie de archivo con los nombres de las personas que le presentan. Hoy en día se colecciona de todo: desde los clásicos sellos de correos, hasta las más simples cucharitas. La suya puede ser una colección de nombres de personas.

En esos momentos del día en que se acostumbra repasar los hechos del acontecer diario, sobre todo a la hora de dormir, resulta muy útil pensar en los individuos recién conocidos, recordando sus facciones, la forma en que vestían, sus modales, la personalidad y apariencia general; pero lo más importante es REPETIRSE el nombre de cada persona.

Los vendedores, que generalmente conocen diariamente gran cantidad de personas, pueden obtener enormes beneficios si logran recordar a sus clientes, aplicando la técnica de la repetición y revisión para fijarlos en su memoria. Es casi un requisito para triunfar. Cuando llegan a un comercio, se ocupan de oír bien no sólo el nombre del comprador, sino el de cada empleado; y cuando dejan atrás el establecimiento, se los repiten mentalmente: *Sr. García, Sr. Fernández, Sr. López*. El hacerlo implica un esfuerzo, pero da estupendos resultados.

Hay vendedores que no se toman la molestia de recordar a sus clientes; pero éstos, los compradores, sí lo hacen, pues son los que, en un final, firman las órdenes de compra. El tiempo adicional que un vendedor emplea diariamente para memorizar los nombres y las caras de las personas recién conocidas, llega a representarle, a la larga, dinero y triunfos.

Como la repetición es de capital importancia, vuelva atrás, y busque la página donde aparece la foto del Sr. Godines. Deténgase por un momento y siga estos tres pasos:

1. Fíjese en la foto detalladamente.
2. REPITA el nombre en voz alta, cinco veces.
3. Escriba el nombre en una hoja de papel.

Tenga esto siempre presente: si quiere conservar en su memoria un nombre, aplique la Regla No. 2: FIJE EL NOMBRE POR REPETICIÓN.

REGLA No. 3: GRABE EL ROSTRO EN SU MENTE

Aún usted se encuentra acompañado de un recién conocido. Ya practicó la Regla No. 1 con éxito, y logró captar el nombre correctamente: Sr. Godines. Ha cumplido en rigor la Regla No. 2, aprovechando todas las oportunidades que se le presentan para repetir, en voz alta, el nuevo nombre. Llegó el momento de pasar a la siguiente regla y de ponerla en práctica: GRABE EL ROSTRO EN SU MENTE.

La diferencia entre una persona que posee buena memoria para los rostros y los nombres, y otra que constantemente confunde a un individuo con otro, no consiste, de ninguna manera, en su inteligencia o retentiva visual, sino en **cómo se observa.** El primer individuo piensa y se concentra en aquél a quien está mirando; al segundo no le interesa, no le preocupa, y ésta es la raíz del olvido: tiene diferente observación. Es imprescindible que aprendamos a observar, a prestar atención a cada uno de los detalles, aun a los más insignificantes, del aspecto general de la persona que tenemos delante.

Es imposible que usted se forme una imagen nítida de alguien, mientras se lo presentan, si su mente está ocupada en cosas ajenas a lo que está sucediendo en ese momento. Un factor que debe evitarse es la ansiedad. Muchas personas se ponen nerviosas cuando le están presentando a un desconocido, por lo cual sólo captan una imagen borrosa del rostro que tienen delante. Es de extrema importancia dejar a un lado esa angustia que provoca a veces el enfrentarse a un extraño y prestar la mayor atención posible para grabar en la mente el nuevo rostro. Por supuesto, sabemos que no es fácil lograr un efectivo auto-control; tal vez éste sea uno de los aspectos más difíciles de esta tercera regla, pero con el firme propósito de lograrlo y una adecuada práctica, obtendrá excelentes resultados. Concentre su total atención en su objetivo principal: grabar el rostro que recién ha visto, en su mente. No se preocupe en ese breve instante por sí mismo: vuelque todo su interés hacia afuera.

Una buena forma para ejercitar la observación de los rostros, sin pensar en sí mismo, se logra en el cine. La oscuridad que lo rodea hace que el entorno influya poco en usted, y le permita concentrarse con mayor efectividad en los rostros de los actores que aparecen en la pantalla. Analice la apariencia de cada personaje; ponga especial atención en detalles como el cabello, los ojos, la boca, la nariz, las orejas. Pregúntese, ¿qué edad tiene cada actor?, pues, calcular la edad es un ejercicio que ayuda a la concentración. Fíjese, además, en la estatura y el peso de cada uno. Cuando los rostros sean enfocados bien cerca, de modo que ocupen toda la pantalla, busque asimismo señales distintivas como lunares, pecas, verrugas y cicatrices.

Dedique especial interés en captar el nombre que posee cada actor en la película. Sucede con bastante frecuencia que al salir del cine somos capaces de contar la trama del filme, el nombre de los artistas principales, el tema musical, todo, menos cómo se llamaban en la obra los protagonistas. Puede preguntarse cómo se llamaban los actores principales de la última película que usted vio. Es interesante observar cuán rápido los olvidamos.

Todo lo antes señalado como ejercicios para desarrollar la observación en el cine, es válido también con la televisión. La ventaja de este ejercicio en el cine o a través de la televisión, es precisamente la de ser sólo un ejercicio en el que nadie más que usted medirá cuánto fue capaz de recordar. Será, pues, el espectador y su propio juez. Las personas con dificultad para memorizar y los estudiantes que han practicado esta técnica de observación, han comprobado el desarrollo de dicha capacidad, y han constatado cómo según se aumentaba la práctica de la misma, el esfuerzo requerido para observar los rostros de las personas que le presentaban era menor, llegando incluso a hacerlo en forma automática.

Practicar la observación para grabar en la mente el rostro de alguien, se puede hacer en cualquier momento y lugar. Si toma el ómnibus para ir a su trabajo, observe a la persona que tiene frente a usted. Fíjese en los detalles que le hemos sugerido anteriormente: cabello, ojos, lunares, etc. Después, desvíe su mirada hacia otra parte y trate de reconstruir en su mente el rostro de dicha persona. Si no recuerda algunos rasgos, mírela de nuevo y trate de captar entonces los rasgos que no recordó. Según aumente su habilidad y práctica, tardará menos tiempo en grabar hasta los más pequeños detalles fisonómicos.

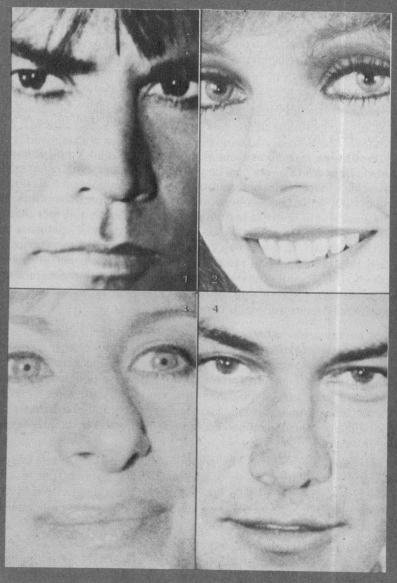

Estas son secciones de rostros de cuatro personas conocidas popularmente. Observe con cuidado los detalles de cada foto. ¿Las puede identificar?
Verifique las respuestas en la página 215.

En la siguiente página podrá ver una foto del señor **Enrique Zaldívar,** a quien ya conoció en el grupo de las dieciséis fotos aparecidas con anterioridad. ¿Cuál fue la primera impresión que recibió cuando la vio? Analicémosla con detenimiento: ¿Qué edad tendrá aproximadamente? Por supuesto, no es un hombre joven, pero tampoco es un anciano; se trata más bien de una persona de mediana edad. ¿Cómo es su cabello? Podríamos decir que es lacio y de color gris, o sea, canoso. Puede considerarse que es abundante, a pesar de tener dos entradas a ambos lados de la frente.

Prosigamos nuestro análisis. ¿Qué otros rasgos podemos distinguir en él? Tiene las cejas anchas, de color oscuro, casi negro; el entrecejo fruncido y los ojos más bien pardos. La nariz es proporcional al tamaño de la cara, en la que se observan, además, dos profundos surcos. Su boca es carnosa, y en ella se distingue el labio inferior, algo más grueso. El mentón, cortado en dos, ayuda a distinguirlo de otros hombres y por lo tanto a grabar su rostro mejor. No tiene pecas, ni lunares o verrugas; la barba, perfectamente rasurada. Las orejas se aprecian sin que el cabello las cubra ni siquiera parcialmente. La expresión general de su rostro no da la impresión de ser el de una persona de mal carácter, o de un carácter fuerte, sino más bien afable.

A continuación, observe la foto todo el tiempo que sea necesario hasta que esté seguro de poder reconocer al señor Zaldívar a primera vista, si lo encontrara en un local amplio lleno de personas. Déle libertad a su imaginación y piense cómo se vería si estuviera vestido con diferente ropa, por ejemplo, con una camisa deportiva y con lentes contra el sol. Procure visualizarlo con sombrero y abrigo, con uniforme de pelotero, de mecánico; en fin, trate de imaginarlo en cuantas formas se le ocurran.

Después de estos ejercicios, coloque el libro a un lado, cierre los ojos y trate de ver el rostro del señor **Enrique Zaldívar.** Si recibe una imagen clara de él, ¡formidable! En caso contrario, tome de nuevo el libro y repita el ejercicio hasta que logre visualizar su rostro tan nítidamente como si estuviera mirando la foto.

Poco a poco irá desarrollando la habilidad de grabar en la mente el rostro de un recién conocido con sólo unos vistazos. El ojo humano funciona como una cámara fotográfica. Es capaz de tomar con una mirada (foto) cientos de pequeños detalles a la vez; sin embargo, el cerebro necesita ser entrenado convenientemente para que se percate y retenga todo lo que los ojos han visto. Tan pronto adquiera el hábito de

Sr. Enrique Zaldívar

observar con atención, se dará cuenta de qué fácil es distinguir las diferencias existentes entre dos personas. Y ya que estamos ejercitando nuestra capacidad y habilidad, ¿se arriesgaría a hacerlo con mellizos?

Una vez que haya logrado dominar la aplicación de esta regla, verá cómo cuando le presenten a alguien, no quedará satisfecho con observar simplemente si es alto o bajo, grueso o delgado. De forma espontánea advertirá el color del cabello, los ojos, la forma de los labios, alguna marca en su cara; así como los gestos faciales que lo distinguen de los demás. Tenga bien presente todos los detalles de esta Regla No. 3 si necesita recordar a alguien para siempre: GRABE EL ROSTRO EN SU MENTE.

REGLA NO. 4: ASEGURE EL NOMBRE POR ASOCIACIÓN

La cuarta y última regla empleada para recordar nombres y rostros, se basa en la **asociación.** De nada sirve recordar el nombre si no sabemos a quién pertenece. Lo mismo sucede si reconocemos el rostro y olvidamos el nombre. Hay que esforzarse por asegurar la permanencia de un nuevo nombre relacionándolo, asociándolo con cosas, sucesos y lugares, de modo que el rostro y el nombre queden estrechamente unidos.

Supongamos que usted y yo entramos en un salón donde se encuentran decenas de personas, y le presento a cuatro amigos míos: el señor Pimienta, el señor Iglesias, el señor Perales y el señor García. Si en el momento de la presentación usted no hace algún esfuerzo para captar estos nombres, es muy probable que solamente grabe el último de todos, García, y de los tres primeros no recuerde absolutamente nada. Aunque usted no haya prestado la mínima atención, el cuarto nombre quedará sonando en sus oídos. ¿A qué se debe? Pues, muy sencillo, infinidad de personas conocidas llevan ese apellido. Incluso es probable que algunos de sus familiares o amigos se apelliden así; desde su infancia lo ha estado oyendo y está impreso en su mente por cientos de asociaciones.

- El mejor alumno de su clase.
- Su profesor de Historia.
- El chofer del ómnibus de la escuela.
- Su primera novia o novio.
- El cajero del banco, etc.

Es entonces que surge la pregunta: ¿cómo recordar los otros tres? Lo más funcional es lograr una buena IMAGEN que esté relacionada con el nombre. Desde luego, tiene que empezar por la Regla No. 1 (captar el nombre correctamente); después repetir el nombre en voz alta cada vez que pueda (Regla No. 3) y observar con detenimiento los rasgos fisonómicos para grabarlos como se ha explicado anteriormente.

No piense que la aplicación de estas reglas le van a tomar tanto tiempo que no pueda participar en la conversación. Al contrario, una vez que las domine serán como un útil instrumento con el que podrá trabajar automáticamente. Las pondrá en práctica de manera tan natural y espontánea que comprobará con entusiasmo que es posible observar el rostro mientras conversa, de modo simultáneo. Tampoco le tomará tiempo repetir el nombre, ya que será una forma cortés de dirigirse a la nueva persona conocida. Asimismo le sucederá con las asociaciones, las cuales podrá aplicar sin que interfieran en otros pensamientos.

Vamos a repetir los tres primeros nombres:

- Señor Pimienta
- Señor Iglesias
- Señor Perales

Ahora formemos imágenes con ellos, de modo que las asociaciones creadas le ayuden a quedar impresos en su mente.

Comencemos por el señor Pimienta. Según mire su rostro imagínelo sentado a la mesa echándole **pimienta** a la comida. Suponga que tiene un mortero en la mano, y machaca con él algunos granos de pimienta. También puede pensar que está tomando agua, pues la comida tiene un exceso de pimienta. De esta forma se ha establecido una estrecha relación en su mente entre el nombre del señor Pimienta y la especia que se utiliza para las comidas.

El segundo es el señor Iglesias. Puede imaginarlo sentado en la iglesia, oyendo misa; igualmente es válido suponer que está leyendo algunos de los pasajes bíblicos que se citan durante la misa. También puede pensar que se halla en una boda, bautizo, etc. El nombre señor Iglesias queda así unido a través de estas relaciones con el edificio de la iglesia y los cultos que en él se efectúan: misas, bautizos, bodas.

El tercero es el señor Perales. El árbol de la pera es el peral. Imagine a este señor comiendo o recogiendo peras en un peral; después, recorriendo los perales de una hacienda; más tarde, promoviendo esta fruta en un supermercado, o quizás haciendo un jugo de peras. Perales, peral y pera son sencillas palabras para crear con ellas imágenes donde aparezca el señor Perales.

Se debe prestar especial atención al crear las asociaciones, de modo que éstas se correspondan con el nombre y el rostro de la persona que se quiere recordar, pues si no traería confusiones imperdonables. Suponga que al crear las asociaciones, imaginó el rostro del señor Pimienta comiendo peras, o al señor Perales sentado en un banco de la iglesia. Hay que evitar estos errores. Por otro lado, debemos tener bien claro que no es suficiente con recordar el nombre solamente, como tampoco sólo el rostro. Por lo tanto, nombre-rostro e imagen (más la asociación

Para recordar los nombres, podemos asociar la cara de la persona con un objeto que nos recuerde de su nombre y apellido. Por ejemplo, en el caso de José Luis Perales, pensaremos en el peral, es decir, el árbol de la pera. Entonces podemos imaginar a José Luis Perales sentado a la sombra de este árbol.

que los una) deben formar una unidad: ser inseparables. En el momento de crear las asociaciones imaginativas tenga presente que éstas es preferible que sean absurdas, insólitas, ridículas, extravagantes, desproporcionadas, exageradas, inverosímiles, ya que así todas le ayudarán a grabar los nombres y los rostros en la mente.

Algunas personas suelen ser algo conservadoras en su forma de ser, y al crear estas asociaciones consideran que no es correcto relacionar, por ejemplo, al señor Pimienta con un mortero lleno de granos de pimienta; pero esto es sólo un recurso mnemotécnico, que el mencionado señor no sabrá jamás. La asociación sólo quedará en la mente de quien la hace.

Para realizar las asociaciones con las nuevas personas que les sean presentadas, sugerimos unas cuantas ideas, pero estamos seguros que en la práctica usted encontrará por sí mismo infinidad de ellas.

1. ¿Conoce a alguien con el mismo nombre?

No es preciso relacionarlo con un amigo o familiar. Hay cientos de nombres que pueden relacionarse con personas célebres, como políticos, hombres de negocios, actores de cine o televisión, cantantes, pintores y marcas de productos comerciales. Así podrá establecer una relación, por ejemplo, entre el listado de la izquierda y el de la derecha:

Rodríguez	con José Luis Rodríguez (cantante).
Alonso	con Ernesto Alonso (productor y actor).
Goya	con los productos Goya (marca comercial).
Marco	con Marco Antonio (emperador romano).
Perales	con José Luis Perales (cantante).
Ricardo	con Ricardo Corazón de León (rey).
González	con Felipe González (político).

De igual forma puede relacionar nombres en vez de apellidos:

Isabel	con Isabel II de Inglaterra (reina).
Ernesto	con Ernesto Lecuona (compositor).
Rosa	con Rosa Salvaje (novela).
Arturo	con Arturo de Córdova (actor).
Rafael	Raphael (cantante).

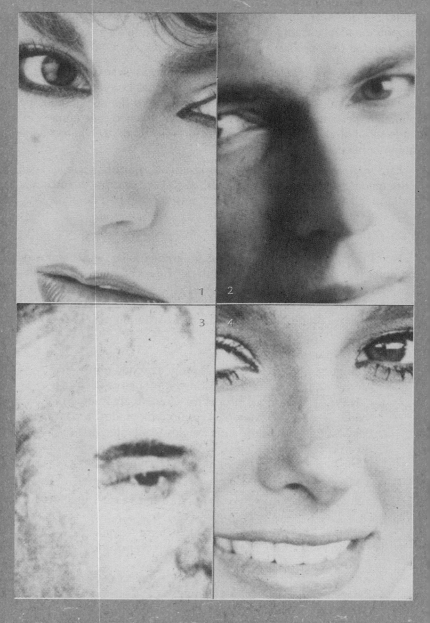

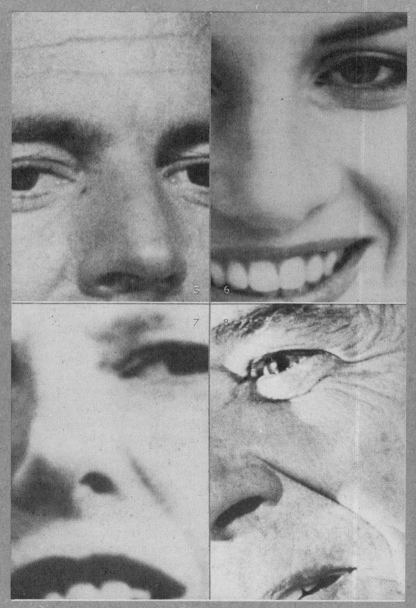

2. ¿Conoce ciertos lugares, asociaciones, pensamientos, con los cuales relacionar los nombres?

Bastarán unos minutos de conversación para que surjan nuevas ideas con las que se puedan establecer las asociaciones. Por ejemplo:

Prado	con el Museo del Prado.
Sierra	con la Sierra Nevada.
Solar	con el Sistema Solar.
Montes	con los Montes Urales.
Valle	con el Valle de los Caídos.
Arturo	con el Rey Arturo y los Caballeros de la Mesa Redonda.
León	con el Club de Leones.
Camino	con "No basta querer, hay que saber el camino" (pensamiento de Tagore).

3. ¿Conoce palabras con las cuales rimen los nuevos nombres?

Una forma sencilla y fácil de crear rápidamente asociaciones, consiste en crear imágenes en que intervengan palabras cuyo final rime con el final de los nombres a recordar. Por ejemplo:

- el señor Tir**ado** con: se encuentra acatar**rado.**
- el señor Palenz**uela** con: tiene dolor de m**uelas.**
- el señor Villal**obos** con: se dedica a cazar **lobos.**
- el señor Padr**ón** con: pescó un camar**ón.**
- el señor Villa**nueva** con: compró una casa n**ueva.**
- el señor Valle con: pasea por la **calle.**
- el señor Tronc**oso** con: pasea en un auto luj**oso.**
- el señor Card**ona** con: vive en una cas**ona.**

Estos tres últimos acápites, sirven de ejemplo para desarrollar la habilidad de crear asociaciones. En la medida en que usted cree nuevas imágenes, asociando los nombres de las personas y sus **rostros,** con lugares, cosas, personajes, artistas, etc., irá adquiriendo destreza y rapidez. Si un nombre le sugiere varias asociaciones, magnífico; dos asociaciones es mejor que una, tres mejor que dos, ya que éstas ayudan a poner en práctica la Regla No. 4: ASEGURE EL NOMBRE POR ASOCIACIÓN.

Practicando sistemáticamente las cuatro reglas antes expuestas, adquirirá la facultad de poder recordar en cualquier ocasión el nombre de las personas que le presentan por primera vez, y asimismo será capaz, simultáneamente, de tener en su mente grabados los **rostros** de cada persona, unidos a sus respectivos nombres, al tiempo que desarrolla úna conversación amena.

Resumen de las cuatro reglas:

> REGLA 1 (ATENCIÓN):
> Capte el nombre correctamente.
> REGLA 2 (REPETICIÓN):
> Fije el nombre por repetición.
> REGLA 3 (OBSERVACIÓN):
> Grabe el rostro en su mente.
> REGLA 4 (ASOCIACIÓN):
> Asegure el nombre por asociación.

TESTS PARA MEDIR LA MEMORIA

En la Introducción de este libro le ofrecimos un *test* de 50 preguntas mediante el cual usted puede determinar su capacidad de memorización. Pero, ¿qué es un *test* para medir la memoria?

La sicología es la ciencia que se ocupa del estudio de la memoria; aunque, claro está, se apoya siempre en otras disciplinas que amplían y complementan su investigación. En las últimas décadas, esta ciencia —tanto en la labor investigativa como en la aplicada— ha recurrido al empleo de *tests*, que no son más que pruebas o exámenes que pueden revelar con precisión —si se interpretan correctamente— una valiosa información sobre las características sicológicas del individuo.

Existe una gran cantidad de *tests*, y muy variados, tanto por la forma de presentación como por el fin con que se aplican. Algunos están constituidos por una serie de preguntas, es decir, cuestionarios; en otros, aparecen láminas que deben ser descritas, como el TAT (Test de Apercepción Temática), o manchas de tinta, como en el Test de Roscharch. Pueden combinarse láminas, dibujos y preguntas. Los objetivos también son muy diversos; muchos se aplican para saber qué tipo de personalidad tiene el sujeto, o para conocer su cociente de inteligencia. Además, pueden usarse para conocer las habilidades, las aptitudes y actitudes, de ahí que se empleen tanto en los departamentos de personal de las grandes empresas, para seleccionar empleados.

A nosotros nos interesan los *tests* que han sido creados, específicamente, para determinar los rasgos principales de la memoria de un sujeto dado, y para medirla cualitativamente, es decir, evaluar su potencialidad.

El propósito de este apéndice es ofrecerle una serie de *tests* que usted mismo puede practicar, si desea saber cuán buena es su memoria. Al interpretar las calificaciones obtenidas, no vaya siempre buscando resultados brillantes. Lo importante es que pueda conocer mejor su memoria, y que sepa determinar qué recuerda con más facilidad, qué aspecto necesita ejercitación. Si obtiene baja puntuación en alguno de ellos, será solamente un aviso para que note sus fallos, y éstos siempre pueden ser superados, de modo que no deben desalentarlo o frustrarlo.

Primeramente, encontrará todos los *tests*. Al final, hallará los resultados de los mismos, para que pueda autocalificarse. Para realizarlos, sólo necesitará un lápiz, un reloj con minutero —en aquellos que tienen límite de tiempo— y una hoja de papel, si no quiere que las respuestas queden escritas en el libro, de modo que solamente usted conozca sus respuestas y puntuaciones.

Cada *test* viene precedido de instrucciones específicas para contestarlos, evitando así la necesidad de buscar ayuda. Con sólo leerlas, comprenderá fácilmente cómo realizarlos. En los *tests* en que debe medir el tiempo, puede valerse de la ayuda de otra persona, para que le avise tan pronto como el tiempo dado haya llegado a su fin; de esta forma, no se sentirá presionado observando el reloj, con lo cual puede desviar su atención y perder la concentración necesaria.

Es aconsejable contestar varios *tests,* pues uno solo no es suficiente para evaluar su memoria. Cada uno de ellos tiene sus propias características, y mide un rasgo determinado; el contestar varios le ayudará a adquirir un conocimiento más amplio y detallado; descubrirá, tal vez, que recuerda con facilidad cifras numéricas, y que le resulta difícil recordar objetos.

Nota: Nunca averigüe los resultados antes de realizar los *tests*, pues ello le restaría calidad y veracidad a su calificación, impidiendo que se cumpla el objetivo de estas pruebas: ayudarlo a conocer mejor su memoria.

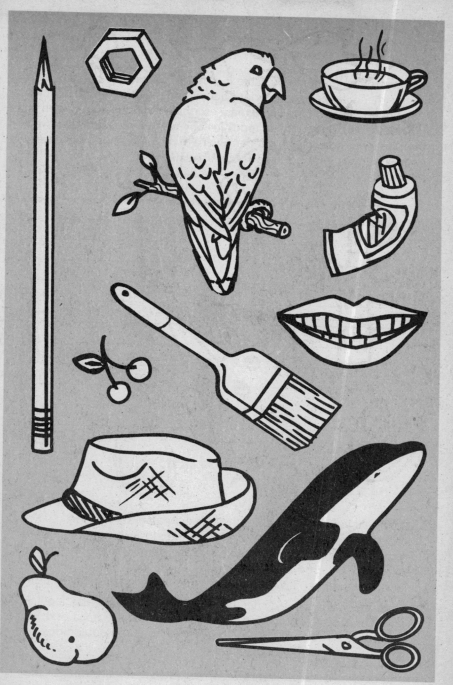

TEST No. 1

Observe detenidamente, durante 2 minutos, los distintos objetos que aparecen en la página anterior, tratando de fijarlos en su mente. Vencido el tiempo, tape la página y escriba a continuación, o en una hoja de papel, el nombre de todos los objetos que recuerde. Una vez que comience este *test*, no puede volver a mirar los dibujos, pues en ese caso la puntuación no reflejaría su capacidad real.

1. _____   13. _____

2. _____   14. _____

3. _____   15. _____

4. _____   16. _____

5. _____   17. _____

6. _____   18. _____

7. _____   19. _____

8. _____   20. _____

9. _____   21. _____

10. _____   22. _____

11. _____   23. _____

12. _____   24. _____

TEST No. 2

A continuación encontrará una lista de 90 palabras, todas las cuales comienzan con la misma letra. Léalas cuidadosamente, tratando de fijar cada una de ellas. Puede emplear todo el tiempo que desee; en este *test* no hay límite de tiempo. No pase a leer todavía la relación de palabras, ni tampoco las instrucciones que aparecen después de ésta.

Cuando considere que no necesita seguir observando la lista, tápela y pase a leer el resto de las instrucciones. Una vez que haga esto, no podrá volver a repasar la lista, pues los resultados obtenidos no reflejarían correctamente la calidad de su memoria.

BACALAO	BIENESTAR	BOMBÓN
BACTERIA	BIENIO	BONDAD
BALA	BIFOCAL	BONIATO
BANDERA	BIGOTE	BONO
BANQUERO	BILATERAL	BORRACHO
BARATO	BINARIO	BOTA
BARBERO	BIOGRAFÍA	BOZAL
BARNIZ	BIÓXIDO	BRAVURA
BARRO	BIRRETE	BRACEAR
BASTARDA	BISÍLABO	BRAMIDO
BASTÓN	BISUTERÍA	BRAZALETE
BATE	BLANCO	BREA
BATIDORA	BLASFEMO	BRECHA
BAUTIZO	BLINDADO	BREVE
BEBEDERO	BLINDAR	BRIGADA
BEBIDA	BOBERÍA	BRINCAR
BEGONIA	BOBA	BRINDIS
BÉISBOL	BOBO	BRIOSO
BÉLICO	BOCA	BRISOTE
BELLEZA	BOCAZA	BRONQUIO
BELLOTA	BOCEAR	BROTAR
BENEFICIO	BODEGA	BRUJA
BENÉVOLO	BOFETADA	BUCAL
BENZOL	BOHEMIO	BUENO
BERRO	BOHÍO	BUJÍA
BIBERÓN	BOLA	BULBO
BIBLIOTECA	BOLETÍN	BULEVAR
BICICLETA	BOLÍVAR	BULLICIO
BICOLOR	BOLSO	BURGUÉS
BIELA	BOMBA	BUZÓN

Este *test* no está hecho para que usted trate de recordar los vocablos anteriores, sino para que busque y escriba otras 20 palabras no incluidas en la lista, pero que, según el orden alfabético, deberían figurar en ella. Aquí encontrará los espacios para que escriba esas palabras. Trate de recordar las que NO estaban en la lista.

Nota: Las palabras derivadas no se tienen en cuenta. Ejemplos: **casa**, *casita, casona, caserío*. Cada palabra escrita que pertenezca a la lista disminuye su puntuación; sea, pues, cauteloso:

1. _____
2. _____
3. _____
4. _____
5. _____
6. _____
7. _____
8. _____
9. _____
10. _____

11. _____
12. _____
13. _____
14. _____
15. _____
16. _____
17. _____
18. _____
19. _____
20. _____

TEST No. 3

Éste es un *test* típico para medir la memoria visual. Va a encontrar dos recuadros, ambos divididos en 20 casillas. En el primero, aparece una letra dentro de cada casilla. En el segundo, todas están vacías. Mire fijamente el primero, tratando de recordar las letras y el orden en que están situadas; emplee, para esto, 5 minutos. Transcurrido ese tiempo, tape el recuadro donde aparecen las letras y reprodúzcalo en el que están las casillas vacías; o sea, escriba las letras del primero, en el mismo orden en que aparecen.

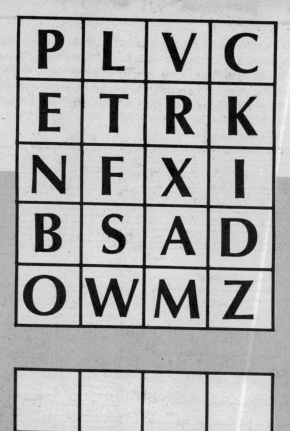

El siguiente *test* sirve para medir la memoria de observación. Usted va a tener frente a sí una lámina, que debe mirar detalladamente durante 2 minutos, tratando de recordar todas las situaciones. Cuando termine el tiempo, tápela y, seguidamente, conteste las preguntas que aparecen a continuación de la lámina.

Como experimento curioso, después que lo haya realizado, intente que algunos de sus amigos o compañeros de trabajo o de estudio lo realicen también. Verá cómo, frente a la misma lámina, distintas personas recuerdan diversos aspectos, lo cual ocurre a menudo con los testigos oculares de un suceso, quienes describen de varias formas el hecho presenciado, dando distintas versiones.

Preguntas del test 4

1. ¿Cuántos árboles aparecen en la lámina?
2. ¿En qué lado del edificio se encuentra la bandera: a la derecha o a la izquierda?
3. ¿Qué cantidad de ventanas tiene la escuela?
4. ¿Cuántos alumnos llevan libros en las manos?
5. ¿Cuántos alumnos tienen bicicleta?
6. De ellos, ¿cuál es el más alto?
7. ¿Cuántos tienen corbata?
8. ¿Hacia dónde se dirige el auto: hacia la derecha o hacia la izquierda?
9. ¿Cuál de estas personas usa lentes?
10. ¿Cuántos alumnos aparecen en total?

1. _____
2. _____
3. _____
4. _____
5. _____
6. _____
7. _____
8. _____
9. _____
10. _____

TEST No. 5

Este *test* ha sido expresamente creado para medir la retentiva numérica. En la página siguiente, va a encontrar 20 cantidades numéricas de distinto número de cifras. Puede disponer de 4 minutos para mirar cada una y tratar de memorizarlas. Transcurrido el tiempo, tape la hoja y escriba todas las cantidades que recuerde.

185

2082395

3009

984634

247

936

5029

7853

2104

43479

3594237

86417

14188

62941

20963

50008

361598

8631

729586

6348391

Este test es semejante al número uno; pero en él no se memorizan objetos, sino figuras geométricas. En el recuadro siguiente encontrará 20 figuras, y podrá emplear 3 minutos para observarlas detenidamente. Vencido el tiempo, tape la hoja y, en el espacio señalado, reproduzca todas las figuras que recuerde. No importa el orden en que las coloque. Si lo cree conveniente, en vez de utilizar el espacio del libro, puede valerse de una hoja de papel adicional.

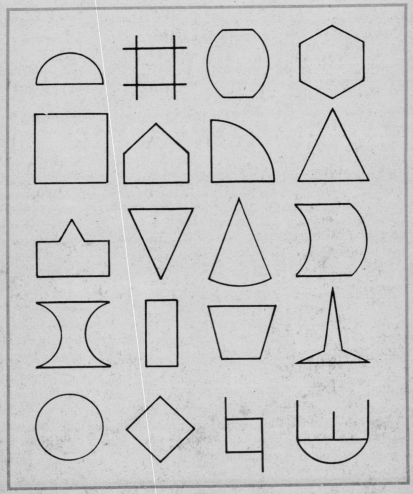

TEST No. 7

En la página siguiente, encontrará varias cartas comerciales dirigidas a distintas personas, de diferentes compañías. Léalas detenidamente, pues dispone de 6 minutos para hacerlo. Trate de recordar no sólo los datos, sino también los motivos o razones por los cuales han sido escritas. Terminado el tiempo indicado, tape las cartas y conteste las preguntas que se le van a formular.

11 de febrero de 19--

Sr. Pedro Pérez
Acme, S.A.
Avda. de la Florida, 5789
La Paz, Bolivia

Estimado Sr. Pedro Pérez:

El 6 de diciembre le hicimos un pedido de mercancía a su compañía. Entre otros artículos, solicitamos 500 sombreros, en los siguientes colores: rojo (100), amarillo (100) y azul (300). No obstante, hemos recibido 300 en rojo y 200 en amarillo.

Como nuestra venta está fijada para el 2 de marzo, le pido, por favor, que nos envíe inmediatamente los 300 sombreros azules, tal como lo solicitamos en nuestra orden de compra. Asimismo, nosotros le estamos devolviendo los 200 sombreros rojos y los 100 amarillos que vinieron equivocadamente.

Sinceramente,

Zéfiro Zafiro
Gerente de Ventas
Almacenes "Toda Estación"

---

18 de agosto de 19--

Sr. Antonio Pedralba
Gerente de Compra
La Alfombra Mullida
Infanta No. 40, Sevilla

Estimado Sr. Pedralba:

Tenemos el placer de informarle que nuestro Consejo se ha reunido y ha tomado en consideración su petición de descuento en el precio de nuestras alfombras y moquetas.

Teniendo en cuenta que nuestra empresa y la vuestra, La Alfombra Mullida, mantienen relaciones comerciales desde hace años, hemos decidido hacer una rebaja del 11% en todas sus compras a partir de este momento.

Esperamos que esta medida sirva para mejorar y estrechar aún más nuestras relaciones comerciales.

Esperando haberle satisfecho, quedo de Ud.,

Agapito Antúnez
Administrador

29 de marzo de 19--

Sr. Alonso Ramírez,
Vicepresidente
Empresas Gómez, S. A.,
Calle Estrada No. 100

Estimado Sr. Ramírez:

Por medio de esta carta, le ratifico la información acerca de la herencia del Sr. Jaime Villayungi.

Los $11,444.00 serán depositados en una cuenta fiduciaria que será abierta en la oficina principal del Banco Nacional de Lago Rico antes del 20 de abril. Las joyas y otros objetos de valor que se encuentran en la lista que le enviamos la semana pasada, serán recogidos por su hermano, el Sr. Fernando Ramírez, tan pronto como vuelva de Canadá, en nuestras propias oficinas.

Por favor, no dude en llamarnos si tiene alguna pregunta respecto a esta herencia.

Sinceramente,

Kirk Tomás
Abogado.

---

10 de septiembre de 19--

Sr. José Rubirosa
Motores La Estrella, S. A.
Avenida Carlista No. 86
Caracas, Venezuela

Estimado Sr. Rubirosa:

He recibido su carta, en la que me anuncia la súbita decisión del Sr. García de jubilarse.

Todo el mundo extrañará al Sr. García, puesto que era una persona clave en la compañía Motores La Estrella, S. A. Él consiguió, incluso, a través de sus exportaciones, que el nombre de nuestra nación estuviera presente en todas partes del mundo.

Sabemos que el Sr. García estuvo en permanente contacto con usted, y que tenía gran confianza en sus decisiones. Sabemos que Ud. está perfectamente capacitado para este nuevo empleo, y le deseamos la mejor de las suertes.

Dándole la enhorabuena, y poniéndonos a su entera disposición, queda de Ud.,

Felipe Soyorzun,
Presidente del Consejo
de Administración

1. ¿Cuántos sombreros se pidieron originalmente al Sr. Pedro Pérez?
2. ¿De qué color eran esos sombreros?
3. ¿Qué porciento de descuento se le concederá a la empresa La Alfombra Mullida?
4. ¿Quién firma la carta dirigida a La Alfombra Mullida, el tesorero o el administrador?
5. ¿En qué banco serán depositados los $11,444.00?
6. ¿Es este dinero producto de una transacción comercial?
7. ¿Esta carta va dirigida al Sr. Alonso Ramírez o al Sr. Fernando Ramírez?
8. ¿Quién solicitó jubilación en Motores La Estrella, S. A.?
9. ¿Quién lo sustituirá?
10. ¿Esta última carta está fechada en Panamá o Venezuela?

1. _____   6. _____
2. _____   7. _____
3. _____   8. _____
4. _____   9. _____
5. _____   10. _____

TEST No. 8

Éste es un *test* típico para medir la memoria visual. Consta de dos partes: una lámina y una lista de 40 palabras ordenadas alfabéticamente, donde se relacionan los objetos que aparecen en la lámina, incluyendo las personas y los animales.

Para su realización, siga las siguientes instrucciones:

a) Tomando como referencia la lista de palabras y siguiendo el orden en que éstas aparecen, localice en la lámina cada uno de los objetos relacionados, tratando de fijarse en ellos individualmente y de acuerdo con la posición que ocupan dentro de todo el conjunto.

b) Tape la lista de palabras y dedique varios minutos a OBSERVAR la lámina, repasando los objetos uno por uno.

c) Tape la lámina o cierre el libro. En una hoja de papel, escriba el nombre de todos los objetos que logre recordar, cualquiera que sea el orden en que los recuerde.

1. ALFOMBRA (reflejada en el espejo)
2. ANILLO (en la mano del hombre)
3. ÁRBOL
4. ARETE
5. BOLA
6. BOTELLA
7. BUTACA (reflejada parcialmente en el espejo, a la izquierda)
8. CADENA DE PERRO
9. CENICERO
10. COJÍN DE SOFÁ (reflejado en el espejo)
11. COPAS
12. CUADRO CON LÁMINA ABSTRACTA
13. CUADRO CON PÁJARO
14. ESPEJO
15. EQUIPO ESTEREOFÓNICO
16. FLORERO
17. FLORES
18. FOTO OVALADA
19. GATO
20. HOMBRE
21. HUESO (de juguete)
22. LÁMPARA DE MESA
23. LÁMPARA DE PIE (reflejada en el espejo)
24. LACITO DEL PERRO
25. LAZO DE LA MUJER
26. LUNA
27. LLAVES
28. MANTEL
29. MESA (cubierta con mantel)
30. MESITA (donde están el retrato y la lámpara)
31. MUJER
32. MUÑECA
33. PAYASO
34. PERSIANAS (verticales)
35. PERRO
36. PLANTA
37. PLATO DEL PERRO
38. RELOJ DE PARED
39. SOFÁ (reflejado en el espejo)
40. VENTANA

Emplee cualquiera de los sistemas descritos en el Capítulo VI para recordar listas de palabras. A continuación, aparece una lista de 10 vocablos. Dispone de dos minutos para observarlos. Una vez que haya pasado ese tiempo, cierre el libro y desvíe su atención hacia otras cosas por espacio de 3 minutos. En una hoja de papel, escriba todas las palabras que recuerde con el número que las precede.

1. auto
2. semáforo
3. puerta
4. buró
5. teléfono
6. cigarro
7. frutas
8. cartas
9. mariposa
10. jardín

TEST No. 10

Éste es semejante al No. 9. Siga las mismas instrucciones, pero solamente debe emplear un minuto para tratar de recordar la lista de palabras. Este *test* lo puede realizar después que haya pasado un tiempo (varias semanas) de haber hecho el anterior, pues así podrá comprobar si usted ha mejorado en lo que respecta a la aplicación de las técnicas para memorizar.

1. tomate
2. leche
3. mermelada
4. pescado
5. cereales
6. detergente
7. vegetales
8. carne enlatada
9. vino
10. flores

Hasta ahora, todos los *tests* que le hemos sugerido le ayudan a medir su capacidad para memorizar, basados en aspectos que ha tenido que conocer poco antes de someterse a la prueba. A continuación le facilitamos otros, más populares, no para que mida técnicamente su capacidad de memorización, sino para que compruebe cuánto RECUERDA en relación con los conocimientos culturales que ha adquirido a través de su vida.

El individuo promedio, generalmente dedica, durante la semana, varias horas a:

- leer periódicos o revistas
- escuchar la radio
- ver la televisión
- ayudar a sus hijos con las tareas escolares
- hacer vida social
- trabajar

Es muy posible que haya cursado estudios de segunda enseñanza o tal vez universitaria, los cuales, junto a las actividades anteriormente mencionadas —y otras más—, le han servido, y le seguirán sirviendo, para mantener y ampliar su cultura general: ese conjunto de conocimientos relacionados no con temas muy específicos, sino más bien con hechos del diario acontecer (pasados o presentes), que se van acumulando en la memoria.

Contestando estos *tests*, podrá averiguar qué y cuánto recuerda, sobre todo de aquello que oyó contar a sus profesores en la escuela, y también podrá darse cuenta si está al día en aspectos como: música (por ejemplo, canciones populares), cine (películas famosas), política (gobiernos y gobernantes), etc.

En la actualidad, hay muchas canciones de moda; las oye en su propia casa, en su carro o en cualquier lugar. ¿Es capaz de recordar los títulos de esas melodías? En la columna de la izquierda, aparecen relacionados los títulos de 15 canciones. Busque, en la columna de la derecha, el cantante que las ha hecho famosas.

Canciones:	Cantante:
1. Detalles	a) José Luis Perales
2. Memories	b) Michael Jackson
3. ¿Y quién es él?	c) Isabel Pantoja
4. Bamboleo	ch) Raphael
5. The Way we Were	d) Diana Ross
6. Natalie	e) Paloma San Basilio
7. No llores por mí, Argentina	f) Bobby McFerrin
8. Don't Worry, be Happy	g) Armando Manzanero
9. Marinero de luces	h) José Luis Rodríguez
10. La conga	i) Barbra Streissand
11. Like a prayer	j) Roberto Carlos
12. El tamborilero	k) Gloria Estefan
13. Bad	l) Gipsy Kings
14. Pavo real	m) Julio Iglesias
15. Mía	n) Madonna

B) Gobernantes

La prensa, la radio y la televisión, dan noticias a diario relacionadas con la política internacional. ¿Recuerda usted con facilidad quién gobierna, o ha gobernado en cada país? En la columna de la izquierda, encontrará los nombres de 20 gobernantes; y en la columna de la derecha, los nombres de 20 países. Señale en qué país gobierna cada uno de ellos.

Gobernantes:	País:
1. Rajiv Ghandi	a) Australia
2. Carlos Andrés Pérez	b) Uruguay
3. Corazón Aquino	c) Corea
4. Andreas Papandreou	ch) Libia
5. Carlos Salinas	d) España
6. Yitzhak Shamir	e) Grecia
7. Li Peng	f) Ecuador
8. Robert Hawke	g) Colombia
9. Yasuhiro Nakasone	h) Filipinas
10. Virgilio Barco	i) México
11. Julio M. Sanguinetti	j) Canadá
12. Brian Mulroney	k) Venezuela
13. Roh Tae Woo	l) India
14. Felipe González	m) Israel
15. Rodrigo Borja	n) China Popular
16. Muammar al-Gaddafi	ñ) Japón
17. Alan García	o) Perú
18. Hojatoleslam Sayed Ali Khamenei	p) Portugal
19. Aníbal Cavaco Silva	q) Irán
20. François Mitterrand.	r) Francia

Cada uno de los 20 personajes relacionados en la columna de la izquierda son, o han sido, conocidos por su profesiones. ¿A qué se dedica, o se dedicó, cada uno de ellos? Coteje cada personaje con su profesión:

Personajes:	Profesión:
1. El Greco	a) Bailarín
2. Giorgio Armani	b) Actor
3. Stefan Zweig	c) Escritor
4. Carlos Fuentes	ch) Pintor
5. Lee Iacocca	d) Astronauta
6. Danielle Steel	e) Filósofo
7. Gabriel Sabatini	f) Empresario
8. Plácido Domingo	g) Compositor
9. Arnold Schwarzenegger	h) Diseñador
10. Manuel Alejandro	i) Poetisa
11. Sally Ryde	j) Cantante de ópera
12. Douglas MacArthur	k) Primer Ministro
13. Mikhail Baryshnikov	l) Cirujano plástico
14. Jean-Paul Sartre	m) Escritora de *best-sellers*
15. Ivo Pitanguy	n) Tenista
16. Federico Barbarroja	ñ) Hotelera
17. Ivana Trump	o) Emperador
18. Gabriela Mistral	p) Biógrafo
19. Sir Francis Drake	q) Pirata
20. Benazir Bhutto	r) General

Con cierta frecuencia, oímos emplear o empleamos expresiones tomadas de otros idiomas. Señale el significado de las 15 expresiones relacionadas en la columna de la izquierda, utilizando las definiciones que aparecen en la columna de la derecha.

Expresiones:	Significado:
1. Ipso facto	a) Adios (en japonés)
2. Chic	b) Equivocación al hablar (del latín)
3. Faux Pas	c) Elegante, con estilo (del francés)
4. Jet set	ch) Estado de ánimo (del inglés)
5. Lapsus linguae	d) Charla entre dos personas (francés)
6. Look	e) Estar de moda (del inglés)
7. Tête-a-tête	f) Grupo social internacional (inglés)
8. In	g) Apariencia personal (del inglés)
9. Avant garde	h) "Metida de pata" (simplemente)
10. Non plus ultra	i) En el acto, por el mismo hecho (latín)
11. Comme-il-faut	j) Existe por sí mismo (latín)
12. Prima donna	k) De avanzada (en francés)
13. Per se	l) No hay nada mejor (del francés)
14. Sayonara	m) Como debe ser (del francés)
15. Mood	n) Actriz principal de una ópera (italiano)

En la columna de la izquierda, encontrará los nombres de 22 libros famosos. ¿Quiénes los escribieron? Localice en la columna de la derecha los autores de esas obras.

Libros:	Autores:
1. Pedro Páramo	a) Juan Ramón Jiménez
2. El coronel no tiene quien le escriba	b) Marguerite Duras
3. La gitanilla	c) Mario Vargas Llosa
4. El expreso de Oriente	ch) Homero
5. Buenos días, tristeza	d) Honorato de Balzac
6. La casa verde	e) Miguel de Cervantes
7. Pigmalión	f) Françoise Sagan
8. Casa de muñecas	g) Henrik Ibsen
9. Nuestra Señora de París	h) José Hernández
10. Rayuela	i) Rómulo Gallegos
11. El Aleph	j) Agatha Christie
12. La Ilíada	k) Gabriel García Márquez
13. La amante	l) Víctor Hugo
14. Rebeca	m) Bernard C. Shaw
15. La comedia humana	n) Thomas Mann
16. Un mundo feliz	ñ) Ricardo Güiraldes
17. Martín Fierro	o) Aldous Huxley
18. Platero y yo	p) Julio Cortázar
19. El señor Presidente	q) Juan Rulfo
20. Don Segundo Sombra	r) Jorge Luis Borges
21. Doña Bárbara	s) Daphne du Maurier
22. La montaña mágica	t) Miguel Ángel Asturias

F) Amor eterno: parejas famosas

La Historia, las novelas y la prensa, nos hablan de parejas cuyos amores las han hecho famosas, dadas las circunstancias en que se desarrollaron. En la columna de la izquierda, tiene los nombres de 20 mujeres que amaron a los hombres cuyos nombres aparecen en la columna de la derecha. Intente formar las parejas.

Ellas:	Ellos:
1. Madame de Pompadour	a) Federico Chopin
2. Margarita Gautier	b) Eduardo VIII de Inglaterra
3. Manuelita Sáenz	c) Napoleón Bonaparte
4. María Callas	ch) Luis XV de Francia
5. Romy Schneider	d) Richard Burton
6. Cleopatra	e) Rodolfo, Archiduque de Austria
7. Victoria de Inglaterra	f) Simón Bolívar
8. Lola Montes	g) Romeo Montesco
9. Aurore Dupin	h) Luis XIV de Francia
10. Julieta Capuleto	i) Armando Duval
11. María Vetsera	j) Jean-Paul Sartre
12. Josefina Beauharnais	k) Roberto Rossellini
13. Simone de Beauvoir	l) Felipe el Hermoso
14. Madame de Montespan	ll) Alberto Cortina
15. Wallis Simpson	m) Aristóteles Onassis
16. Marta Chavarri	n) Alain Delon
17. Ingrid Bergman	ñ) Marco Antonio
18. Juana la Loca	o) Luis XIII de Francia
19. Elizabeth Taylor	p) Alberto de Sajonia-Coburgo
20. Madame de Hauteford	q) Luis I de Baviera

¿En qué ciudad y país se encuentran los castillos y palacios relacionados en la columna de la izquierda?

Castillos y Palacios:	Ciudades y países:
1. Castillos de Chenonceaux	a) Helsingoer, Dinamarca
2. Palacio de Schönbrunn	b) Londres, Gran Bretaña
3. Palacio de Versalles	c) Madrid, España
4. Castillo de Windsor	ch) Lisboa, Portugal
5. Castillo de Sant'Angelo	d) Quebec, Canadá
6. Castillo de Chapultepec	e) Cerca de París, Francia
7. Buckingham Palace	f) Venecia, Italia
8. Palacio de Vizcaya	g) Leningrado, U.R.S.S.
9. Palacio de Oriente	h) Miami, Estados Unidos
10. Palacio de Invierno	i) Ciudad de México, México
11. Palacio Ducal	j) Florencia, Italia
12. Palacio de la Alhambra	k) Baviera, Alemania
13. Palacio Vecchio o de la Señoría	l) Valle del Loira, Francia
	ll) Río de Janeiro, Brasil
14. Palacio de Petrópolis	m) Roma, Italia
15. Castillo de Neuschwanstein	n) Granada, España
16. Palacio de Fontainebleau	ñ) Cerca de Londres, Gran Bretaña
17. Castillo de Elsinor	
18. Palacio de Charlottenburgo	o) Cerca de París, Francia
19. Palacio del El Estoril	p) Berlín, Alemania
20. Castillo de Frontenac	q) Viena, Austria

H) Marcas y productos

Éste es un *test* de completar. Tiene una lista de 20 marcas famosas. En el espacio que sigue a cada una, escriba el nombre del producto que le corresponda:

1. Domeq _____
2. Olivetti _____
3. Clarins _____
4. Parker _____
5. Goodyear _____
6. Arrow _____
7. Godiva _____
8. Lladró _____
9. Reebok _____
10. Wella _____
11. Olympus _____
12. Honda _____
13. Polo _____
14. Knorr _____
15. Singer _____
16. Cessna _____
17. Christofle _____
18. Apple _____
19. Levi's _____
20. Oster _____

Ahora presentamos un pequeño cuestionario de 14 preguntas, todas relacionadas con películas, estrellas, productores, directores y compositores.

1. ¿Quién es el mellizo de Arnold Schwarzenegger en la película "Twins"?
2. ¿Cómo se llama la actriz que casi mata a Michael Douglas en "Atracción fatal"?
3. Un actor famoso dirigió "Gente común" (Ordinary People). ¿Quién fue?
4. ¿En qué película Dustin Hoffman se viste de mujer?
5. Por su actuación en esta película, Cher ganó un Oscar.
6. ¿Recuerda los nombres de los tres actores de "Tres hombres y un bebé"?
7. ¿En qué película un ventarrón le sube la falda hasta el cuello a Marilyn Monroe?
8. ¿Quiénes compusieron el tema "The Sound of Music"?
9. ¿Qué pareja protagonizó "Kramer vs. Kramer"?
10. ¿Quién es la protagonista de "La acusada"?
11. ¿Quién es el actor que se hizo acreedor de un Oscar honorífico cuando era niño y todavía sigue en el mundo cinematográfico?
12. ¿Quién es la persona que más Oscares ha ganado hasta el momento?
13. ¿En qué famosa película trabajaron juntos Rex Harrison y Audrey Hepburn?
14. ¿Qué actor protagonizó la película "Dr. Zhivago"?

1. ¿Cómo se llamaba el buque que se estrelló contra un témpano de hielo en 1912?
2. ¿Cuál es el verdadero nombre del Papa Juan Pablo II?
3. ¿Cómo se llama el escudero de Don Quijote?
4. ¿Quién inventó la bombilla eléctrica?
5. ¿Qué territorio no quiso ceder Margaret Thatcher a los argentinos, en 1982?
6. ¿Cómo se llamaba el presidente de los Estados Unidos anterior a Ronald Reagan?
7. ¿En qué ciudad está la Torre Eiffel?
8. ¿Qué rey estaba en el poder cuando comenzó la Revolución Francesa?
9. ¿Quién compuso el vals "Danubio Azul"?
10. ¿Quién pintó el cuadro de "La Monna Lisa"?

TEST No. 1

Compare la lista escrita con los objetos que están dibujados en la página anterior. Cada respuesta correcta equivale a 1 punto. No tenga en cuenta el orden en que las escribió. Sume las respuestas acertadas; si escribió el nombre de un objeto que no está en el dibujo, descuéntese 1 punto por cada uno.

Escala:

Excelente .... Más de 18 puntos.
Buena .... De 15 a 18 puntos.
Normal..................... De 10 a 14 puntos.
Regular.................... De 5 a 9 puntos.
Poca retentiva .... Menos de 5 puntos.

TEST No. 2

Para calificar este *test*, lo primero que debe hacer es comprobar que las palabras escritas no se encuentran en la lista; en segundo lugar, si, según el orden alfabético, les corresponde estar en la misma. Utilice esta lista a modo de ejemplo.

BANDA	BANDERA	BERENJENA
BAILE	BARBACOA	BERRO
BANDEJA	BENEMÉRITO	BESO
		BETÚN

Con cada respuesta correcta, usted gana 2 puntos. Si escribió alguna palabra que estaba en la lista, pierde 3 puntos por cada una. Si escribió palabras que no se ajustan al orden alfabético, esto significa que no entendió lo que debía hacer; en este caso, no lo califique y pase a otro *test*.

Vamos a calificar la lista anterior:

BANDA	+ 2 puntos	
BAILE	+ 2 puntos	
BANDEJA	+ 2 puntos	
BANDERA		− 3 puntos
BARBACOA	+ 2 puntos	
BENEMÉRITO	+ 2 puntos	
BERENJENA	+ 2 puntos	
BERRO	+ 2 puntos	
BESO	+ 2 puntos	
BETÚN	+ 2 puntos	

Totales..............   18 puntos   − 3 puntos   = 15 puntos

Escala:

Excelente .... Más de 20 puntos.
Buena .... De 15 a 19 puntos.
Normal.......... De 8 a 14 puntos.
Regular.......... De 4 a 7 puntos.
Poca retentiva . Menos de 4 puntos.

TEST No. 3

Compare los dos cuadros grandes y marque las cuadrículas pequeñas donde fueron escritas las letras correctamente. Tienen que coincidir la letra y la posición que ésta ocupa. Cada respuesta correcta equivale a 1 punto.

Escala:

Excelente .... Más de 14 puntos.
Buena .... De 12 a 13 puntos.
Normal.......... De 7 a 11 puntos.
Regular.......... De 3 a 6 puntos.
Poca retentiva . Menos de 3 puntos.

Cada respuesta correcta equivale a 1 punto. Compare las respuestas suyas con la lista que le ofrecemos; así sabrá cuáles son las acertadas.

1. Dos árboles.
2. A la derecha.
3. Tres.
4. Dos.
5. Uno.
6. El de la bicicleta.
7. Tres.
8. Hacia la derecha.
9. La que maneja el auto.
10. Cuatro.

Escala:

Excelente .... De 9 a 10 puntos.
Buena .... De 7 a 8 puntos.
Normal.......... De 5 a 6 puntos.
Regular.......... De 3 a 4 puntos.
Poca retentiva . Menos de 3 puntos.

TEST No. 5

Primeramente, determinará cuáles son las cantidades numéricas que escribió correctamente. Después, clasifíquelas según el número de cifras (de 3, 4, 5, 6 ó 7 cifras).

Cada cantidad correcta de 3 cifras equivale a $1/2$ punto
Cada cantidad correcta de 4 cifras equivale a 1 punto
Cada cantidad correcta de 5 cifras equivale a 2 puntos.
Cada cantidad correcta de 6 cifras equivale a $2^1/2$ puntos.
Cada cantidad correcta de 7 cifras equivale a 3 puntos.

Sume todos los puntos obtenidos y compare con la siguiente escala:

TEST No. 6

Compare las figuras geométricas de la lámina con las que usted dibujó. Determine el número de figuras reproducidas en las que ha acertado. Anótese 1 punto por cada una de ellas. Si llegó a dibujar alguna figura que no aparece en la lámina, descuéntese $1/2$ punto por cada una.

TEST No. 7

Por cada respuesta correcta obtiene 1 punto.

Respuestas:

1. 500 sombreros.
2. Rojo, amarillo y azul.
3. El 11%.
4. El administrador.
5. En el Banco Nacional de Lago Rico.
6. No, es producto de un a herencia.
7. Al Sr. Alonso Ramírez.
8. Al Sr. García.
9. Al Sr. José Rubirosa.
10. En Venezuela.

Escala:

Excelente	De 9 a 10 puntos.
Buena	De 7 a 8 puntos.
Normal.....................	De 5 a 6 puntos.
Regular....................	De 3 a 4 puntos.
Poca retentiva	Menos de 3 puntos.

TEST No. 8

Revise cuidadosamente la lista de objetos escrita por usted y compárela con la del *test*. Por cada objeto recordado correctamente, anótese un punto; por cada objeto escrito en su lista que no está en la lámina, rebájese $1/2$ punto. Súmelos todos y busque en la siguiente escala cuál es la calificación obtenida.

Escala:

Excelente	Más de 36 puntos.
Buena	De 30 a 35 puntos.
Normal.....................	De 20 a 29 puntos.
Regular....................	De 10 a 19 puntos.
Poca retentiva	Menos de 10 puntos.

TEST No. 9

Con cada respuesta acertada, palabra con su número, usted obtiene 2 puntos. Si sólo recuerda la palabra, gana un punto. Los números solos no acumulan puntuación.

Escala:

Excelente	De 9 a 10 puntos.
Buena	De 7 a 8 puntos.
Normal.....................	De 5 a 6 puntos.
Regular....................	De 3 a 4 puntos.
Poca retentiva	Menos de 3 puntos.

Cada palabra recordada con su número de orden equivalente a 2 puntos. La palabra sola, sin el número, equivale a 1 punto. Sume todos los puntos alcanzados y consulte la escala para que conozca su calificación. La escala es igual a la del *test* No. 9, pero la diferencia entre el anterior y éste es el tiempo que se empleó para recordar, que fue de un minuto.

Escala:

Excelente	De 9 a 10 puntos.
Buena	De 7 a 8 puntos.
Normal	De 5 a 6 puntos.
Regular	De 3 a 4 puntos.
Poca retentiva	Menos de 3 puntos.

Compruebe sus conocimientos de cultura general: RESPUESTAS Y RESULTADOS:

RESPUESTAS:

A-CANCIONES

1. j	4. l	7. e	10. k	13. b
2. d	5. i	8. f	11. n	14. h
3. a	6. m	9. c	12. ch	15. g

B-GOBERNANTES

1. l	5. b	9. ñ	13. c	17. o
2. k	6. m	10. g	14. d	18. q
3. h	7. n	11. b	15. f	19. t
4. e	8. a	12. j	16. ch	20. r

C-PERSONAJES FAMOSOS

1. ch	5. f	9. b	13. a	17. ñ
2. h	6. m	10. g	14. e	18. i
3. p	7. n	11. d	15. l	19. q
4. c	8. j	12. r	16. o	20. k

D-EXPRESIONES EXTRANJERAS

1. i	4. f	7. d	10. l	13. j
2. c	5. b	8. e	11. m	14. a
3. h	6. g	9. k	12. n	15. ch

E-LIBROS Y AUTORES

1. q	6. c	11. r	15. d	19. t
2. k	7. m	12. ch	16. o	20. ñ
3. e	8. g	13. b	17. h	21. i
4. j	9. l	14. s	18. a	22. n
5. f	10. p			

F-AMOR ETERNO; PAREJAS FAMOSAS

1. ch	5. n	9. a	13. j	17. k
2. i	6. ñ	10. g	14. h	18. l
3. f	7. p	11. e	15. b	19. d
4. m	8. q	12. c	16. ll	20. o

G-CASTILLOS Y PALACIOS

1. l	5. m	9. c	13. j	17. a
2. q	6. i	10. g	14. ll	18. p
3. e	7. b	11. f	15. k	19. ch
4. ñ	8. h	12. n	16. o	20. d

H-MARCAS Y PRODUCTOS

1. Cognac
2. Máquinas de escribir
3. Productos de belleza
4. Plumas, bolígrafos
5. Neumáticos
6. Camisas de hombre
7. Chocolates
8. Porcelanas
9. Zapatos de tenis
10. Productos para el cabello
11. Máquinas fotográficas
12. Autos y motos
13. Ropa deportiva.
14. Alimentos (sopas, caldos)
15. Máquinas de coser
16. Aviones
17. Artículos de plata
18. Computadoras
19. Jeans
20. Procesadoras de alimentos

I-CINE

1. Danny De Vito
2. Glenn Close
3. Robert Redford
4. Tootsie
5. Hechizo de luna (Moonstruck)
6. Tom Selleck, Ted Danson y Steve Guttenberg
7. La comezón del séptimo año (Seven Year Itch)
8. Rodgers y Hammersteir
9. Dustin Hoffman y Meryl Streep
10. Jodie Foster
11. Mickey Rooney
12. Walt Disney
13. Mi bella dama
14. Omar Sharif

J-PREGUNTAS PARA TODOS LOS GUSTOS

1. Titanic
2. Karol Wojtyla
3. Sancho Panza
4. Tomás Alva Edison
5. Las islas Malvinas (o Falkland)
6. Jimmy Carter
7. París
8. Luis XVI
9. Johann Strauss (el joven)
10. Leonardo da Vinci

RESULTADOS:

Cada respuesta correcta equivale a 1 punto. Súmelos todos para que sepa cuántos puntos alcanzó en total y después compare la puntuación obtenida con la siguiente escala.

MÁS DE 130 PUNTOS: Merece especiales felicitaciones. Conoce lo que está pasando en el mundo. Es capaz de mantener una conversación fluida y amena con otras personas aunque tengan diferentes intereses; en esto consiste el arte de saber vivir en sociedad. Es necesario conocer lo que sucede a nuestro alrededor. Posee una memoria muy buena, no sólo para los nombres, sino para conservar todos aquellos hechos significativos que se van adquiriendo a lo largo de la vida.

ENTRE 100 y 129 PUNTOS: Su puntuación es buena. Pertenece al grupo de personas que saben de todo un poco. Si se quiere que la vida sea más entretenida, no sólo debe conocer historia, literatura y esos otros temas culturales, sino saber qué pasa en el mundo de la moda, de la música, del cine. Qué lugares es conveniente conocer, quiénes son las personalidades del mundo actual, qué hacen... Todos esos datos no lo convierten a usted en un erudito, pero le permiten mantenerse informado de lo que está sucediendo a su alrededor.

ENTRE 70 y 99 PUNTOS: Usted forma parte del grupo promedio. Es posible que esté tan inmerso en sus propios intereses, que no se preocupe lo suficiente por lo que ocurre día a día en el mundo.

MENOS DE 70 PUNTOS: No se desanime, aunque la puntuación que alcanzó es la más baja. Es posible que su atención no se haya centrado en los temas que hemos seleccionado en estos *tests*. Pero si por el contrario, se trata de su mala memoria, ha escogido usted el libro adecuado que lo ayudará a recuperarla, conservarla o hacerla crecer.

Estamos seguros que, si ha analizado y puesto en práctica los métodos y recursos mnemotécnicos que mostramos en esta obra, un día no muy lejano podrá sentirse satisfecho de su memoria y, ¿por qué no?, hasta orgulloso.

BIBLIOGRAFÍA

Cómo desarrollar la memoria. Jacqueline Dineen. Traductor: Vicente Bordoy. EDAF, Madrid, 1983.

Cómo desarrollar la memoria. Dr. Lucy Lowar. Editorial De Vecchi, S.A., Barcelona, 1987.

Cómo potenciar su memoria. Mark E. Brown. Traducción: Luis Guarro. Ediciones Martínez Roca, S.A., Barcelona, 1988.

Conocimiento y dominio de la memoria. Dr. Paul Chauchard (versión castellana). Ediciones Mensajero, Bilbao, España, 1985.

How To Improve Your Memory. James D. Weinland, Ph.D., Perennial Library, U.S.A, 1986.

How To Remember Names and Faces. Robert H. Nutt. Simon and Schuster, New York, 1951.

Human Learning. Thomas H. Leahey and Richard J. Harris. Prentice Hall, Inc., 1985.

Learning. Sarnoff A. Mednick. Prentice Hall, Inc.

Memoria Humana. Vernon Gregg. Traductor: Dr. Roberto Carrasco Ruiz. Cía. Editorial Continental, S.A., México, 1980.

Su memoria: cómo conocerla y dominarla. Alan Baddeley (versión castellana). Editorial Debate, S.A., Madrid, 1984.

Tests. Pruebas psicotécnicas de autovaloración. E. Ferrer Garriga. Editorial Bruguera, S.A., Barcelona, 1984.

Visualización creativa. Ronald Shone. Traductor: Rafael Lassaletta. EDAF, Madrid, 1985.

Your Memory. How It Works And How To Improve It. Kenneth L. Higbee, Ph.D. Prentice Hall, Inc., 1977.